Adalbert Ruschka

Sanct Adalbert und seine Brüder

Adalbert Ruschka

Sanct Adalbert und seine Brüder

ISBN/EAN: 9783743330290

Hergestellt in Europa, USA, Kanada, Australien, Japan

Cover: Foto ©ninafisch / pixelio.de

Manufactured and distributed by brebook publishing software (www.brebook.com)

Adalbert Ruschka

Sanct Adalbert und seine Brüder

Sanct Adalbert und seine Brüder,

oder:

Der Untergang des Hauses Slavnik.

Trauerspiel aus Böhmens Vorzeit in sechs Aufzügen.

Von
Dr. Adalbert Ruschka,
Professor an der Oberrealschule zu Budweis.

Selbstverlag.

Budweis,
Druck von A. Gothmann.
1869.

Der Sieg gebührt der Ewigkeit,
Die Ewigkeit der Menschheit.

Personen.

Herzog Boleslav II., der Fromme (bejahrt, gemäßigt).
Boleslav, der Rothhaar, sein Sohn (ein Wütherich, heimtückisch und grausam).
Lochan, Haupt der Wrschowecen (hinterlistig, wild und blutgierig).
Slavnik, Altgraf zu Libic (hochbetagt, ehrwürdig und gutmütig).
Adalbert, ⎫ Mönch, dann Bischof von Prag (begeistert, mutvoll und gottergeben).
Sobëbor, ⎬ Haupt der Slavnik (kühn und unbändig, verwegen).
Spitimir, ⎪ (ähnlich).
Pobraslav, ⎪ Söhne Slavniks (heidnisch mit Ausnahme Adalberts und Radims).
Porey, ⎪ (launig, heiter).
Caslav, ⎪ (kriegerisch, derb).
Radim, ⎭ später Mönch (ein Jüngling, fromm und mild).
Radla, Lehrer und Freund Adalberts (ein Greis, mild, fromm und treuherzig).
Benedikt, ein Mönch (bejahrt, gütig).
Mlada, ⎫
Rosa, ⎬ Frauen Sobëbor's und Spitimir's.
Rollo, ⎫
Hinko, ⎬ Waffenknechte der Slavnik.

Volk: Christen und Heiden; Kriegsknechte, Herolde und Trabanten.
Ort der Handlung: Theils Libic und Prag, theils Adalberts Kloster und um Gnesen.
Zeit: Ende des zehnten Jahrhunderts, Christianisierungsperiode Böhmens.

Rechts und links vom Zuschauer aus.

Erster Aufzug.

Erster Auftritt.

(Rittersaal in der Stammburg zu Libic)

Graf Slavnik. Adalbert. Soběbor. Spitimir. Pobraslav. Porey. Caslav. Radim. Mlada und Roja.

Slavnik
(links sitzend, vor ihm Adalbert im Talar, zu beiden Seiten die Frauen und herum die Brüder in Rittertracht).

Willkommen vom Kolleg zu Magdeburg,
Nochmals willkommen, Sohn, im Vaterhaus!
(umarmt Adalbert)

Die Brüder:
Willkommen Adalbert!

Die Frauen:
Sei uns gegrüßt!

Slavnik.
Ja wie ich dich schon früh erkannt, du kommst
Mir wol gebildet von der Hochschul' und
Mehrst Vaterfreuden mir mit hohem Geiste.
So reich je deine Anlagen, so reich
Sind jetzt auch ihre Früchte. O mich reut's,
Mich dauert's nur, daß deine Brüder mir
Zuvor das Kriegshandwerk erlernt und an
Das rauhe Erz das warme Herz gewöhnet.
Zu spät nun kommt die Lehre wildem Sinn
Und schwer bezähmt wird, was im Rüstzeug aufgewachsen.
(Bewegung unter den Brüdern)

Das Waffenspiel nur füllt ihr Herz mit Lust,
Nicht ruh'n läßt sie ihr scharfes Ritterschwert. Doch
Sei du mit weisem Sinn des Volkes Führer,
(zu den Brüdern)
Und in Gefahr befehligt ihr die Krieger.
Und nun vernehmt, welch' lieben Bruder
Ihr da an ihm gewonnet. Ein edler' Herz
(auf Adalbert weisend)
Schlägt in der Brust des Musensohns!
(theilt ihnen Lose zu)
Da seht! Sechs Burgen baut' ich auf, so fest
Und unbezwingbar, wie im Land sie selten.
Denn herrlich ragt ihr stolzer Bau
Und weit hinaus erglänzen ihre goldnen Zinnen.
Und mitten schaut ihr rings von hohen Söllern
In schöner Rund herum geschloßne Güter.
Nur e i n e Sorge drückte schwer mich nieder,
Schon sah ich streiten den, der ohne Burg,
Und schwer fiel's mir, für Sieben g l e i ch zu theilen.
Es hieß den schönen, lang gewundnen Kranz
Zerreißen! Doch hört nun selbst, was spricht Adalbert?

Adalbert.

O bester Vater! Gott ist meine Burg,
Dein Segen mir das schönste Erbe.
Es ist der Gottesdienst der Herrschaft erste,
So will ich weihen mich dem Allerhöchsten
Und mit dem Schöpfer thronen in der Völker Herzen
Mit ewigem Wort und seinem Himmelssegen!
Und so sei unbesorgt, mein Vater, ich geh'
Dir nicht verloren im Dienst des Ewigen.

Slavnik.

Wol hast den besten Theil erwählt, mein Sohn,
Du tauschst der Väter Burg mit Gottes Tempel

Und willst erbau'n die weite Welt der Heiden
Und sie fürs Christenthum gewinnend
Den Samen ewigen Wolfs unter Wilde streu'n.
Gott segne dich, für den du streitest! Doch
Von mir, o Sohn, hast du kein Erbe,
Kein Vatergut, das du mir danken könntest.

Adalbert.

O habe Dank, den größten Dank, mein Vater!
Du gabst das Beste mir, was Eltern geben können,
Der Bildung Gottesgabe, schönes Wissen
Und der Erziehung höchstes Elterngut.
Durchschaut hab' ich die Welt mit hellem Geist,
Der Schöpfung Wunderbau erfüllt mein Herz,
Das Himmelreich seh' ich erschlossen mir
Und Zeiten forschend leb' ich Ewigkeit.
Den theuersten der Schätze — Weisheit liehst mir,
Der Erdengüter Demant schenktest mir,
Und Gott, der Menschenvater, wird dir's lohnen
Und meine Priesterhand dich ewig segnen!

Slavnik.

O komm' an meine Brust, mein Sohn,
Und nimm voran den Brüdern meinen Segen
Zu deinem schwersten Werk der Mission.
(Adalbert knieet nieder)
Aus fremdem Land ging dir dein Ruf voran,
So möge Gott erfüllen deine Sendung
Und dir verleih'n die Krone, die du lang verdient —
Sie strale dir durchs finstre Land der Heiden!
(zu den Brüdern, indeß Adalbert aufsteht)
Euch stell' ich Adalbert als Vorbild auf,
Ihn ahmet nach, seid einig, brüderlich,
Ihn nehmet auf in jedes eurer Schlösser,

Daß ihr bewahrt den hohen Edelstein, in dem
Euch eingefaßt erst mein Geschlecht erglänzt!

Adalbert.

So freut euch Brüder, euresВатererbes
Und mehrt mit Slavniks Rittern bald die Gottesstreiter.
Ja stehen festgebaut rings eure Burgen,
So helft auch meine gründen mir, die Burg des Heils,
Die Gottesburg der heiligen Christuslehre,
Daß Friede werde auf Erden und allen Menschen
Zu Theil die Seligkeit, ihr Himmelserbe!

Slavnik (erhebt sich).

Die Priesterweihe heißt von uns dich scheiden,
Dem schönsten heiligsten Berufe folgst
Beglückend Land und Volk und alle Menschen.

(zu den Frauen)

So führt auch mich zu seinem stillen Kloster,
Noch einmal will ich schau'n die große Welt,
Dann lösche aus, mein Licht, ich hab' genug gelebt!

(abgehend geführt von den Frauen)

Dann komm, o Sohn, und schließ mit Priesterhand
Mir meine müden Augen.

Adalbert.

Dein Auge wird erlöschen,
Dein Geist in Christo erst erwachen!

(ab, Pobraslav und Radim folgen)

Zweiter Auftritt.

Sobĕbor. Spitimir. Percy. Časlav.

(Pagen bringen Wein)

Sobĕbor.

He, unsre Heiligen ziehen ab,
Denn Adalbert ging unter Pfaffen!

Die Andern.
Ja unter fremde, deutsche Pfaffen!
Spitimir (einen Humpen ergreifend).
Der komm' bald wieder uns mit seinen Psalmen,
Mir wär' im Redefluß die Kehle bald verdorrt.
(trinkt in langen Zügen)
Porey.
Dafür habt ihr gehört die Christenpredigt,
Wo, was dem Leib nicht schmeckt, die Seele laben muß
Spitimir (setzt ab).
Schweig, Pfaff, sonst wässert mir der Wein im Mund.
Porey (lachend).
Ein schlechter Christ, dem Wein zu Wasser wird!
Trink lieber umgekehrt das Wunder Gottes.
Spitimir.
Das lass' ich armen Schluckern, frommen Mönchen —
Porey (schwingt einen Becher).
Und allen durstigen armen Seelen Amen!
(trinkt, die Andern lachen).
Sobêbor.
Doch was sagt ihr zu unsrem Bruder?
Alle.
Was?
Spitimir.
Daß Deutschland Adalbert den Kopf verrückt und
Er kindisch jung zu unsrem Alten paßt.
Porey.
Ja Magdeburg hat ihm den Sinn verwirrt!
Acht Jahre bracht' er in der Fremde zu
Und haßt nun Swantewit, den Gott der Slaven,
Und predigt Christus in dem Land der Heiden.
Die Andern.
Ein Slavnik in der schwarzen Kutte!

Soběbor.
Die Rittersporen wird er nie verdienen.
Der Mönch vom Adel hält es mit Gemeinen
Und wollt' für Tempel tauschen unsre Burgen
Und Güter schenken seinen Bettelvogten!
(Lachen)
Spitimir.
Dafür ist er des Vaters Vicegott,
Er ließ die Kutte ihm und uns sein Land und Loos.
Porey.
Ja jeder Herr hat seinen Narren!
(trinkt unter Gelächter)
Soběbor.
Uns allen, Brüder, winkt die große Zukunft,
Zu lang nur hielten wir das Schwert zurück,
Das für den Rost hier nur geschmieret schien.
Wir durften nichts erobern, nichts erringen
Und mußten ferne zuseh'n fremden Thaten,
Indeß im Land es galt den großen Kampf,
Wem da die Herrschaft, welch' Geschlecht das erste
Und wer da Herzog, wer einst König wird!
Und zählt der Name Slavnik wenig Ritter?
Blickt rings umher, wer kann mit uns sich messen?
Halb Böhmen schon gehorchte unsrem Vater
Und Fürsten nennt das Volk uns jeden,
So steh'n zusammen wir mit unsrer Macht,
Mit Land und Leuten und allen Bundesfreunden,
Gewinnen können wir das Herzogthum —
Glück auf denn! Jedem werd' von uns ein Herzogshut,
Dem Tapfersten bald eine Krone!
Alle (anstoßend):
Hoch Soběbor!
Spitimir. Caslav.
Längst unser Held und Führer!

Porcy.
Ein schlechter Ritter, der nicht Fürst will werden!

Spitimir.
Auch Adalbert muß mit, ihm folgt das Volk,
Er muß die Kutte mit dem Schwert vertauschen.

Porcy (erhebt einen Becher).
Ein Hoch dem neuen Ritter Sions,
Ist ja sein Kreuz ein umgekehrtes Schwert!

Alle.
Hoch! (stoßen an und trinken).

Soběbor.
So ruft zum Rittertag die Waffenbrüder
Und setzet Gut und Blut der Slawnik ein.
Den Wrschowecen künden Fehde wir,
Den alten Ehrenräubern uns'res Hauses,
Dem Erbfeind uns'res Namens!

Alle.
Ha, das sind sie!

Spitimir.
Wir brechen auf mit all' den Unsern,
Mit Mann und Roß und Reisigen,
Der Waffentanz nur sühnt den alten Groll!
(zieht das Schwert, desgleichen die Anderen)

Soběbor.
So schwingt denn froh die lang verdeckten Schwerter
Und mustert gut der Väter Wehr und Waffen,
In blankem Rüstzeug glänzen schöne Thaten.
Die Landesherrschaft ist des Kampfes wert!
(Alle nach verschiedenen Seiten ab)

Dritter Auftritt.

(Gemach im herzoglichen Schlosse zu Prag)
Herzog Boleslav. Kochan von Wrschowec.

Kochan (mit dem Herzoge eintretend).

Ich sagt' Euch's schon, die Slavnik sind gefährlich.
Im ganzen Lande werben sie um Freunde
Und mehren täglich ihre Bundesritter.

Boleslav.

Stolz sind die Herren von der Rose und
An Ruhm und Reichthum ragen sie hervor; doch
Zu sehr ist meines Hauses Freund ihr Vater
Und gut belohnt' ich seine treuen Dienste
Und ließ halb Böhmen ihm als Teilherzog.

Kochan.

Das eben reizt noch mehr die gierigen Söhne.
Das halbe Land genügte wol dem Alten,
Den Jungen ist die halbe Welt zu wenig.
So grenzenlos ist ihre Habgier,
So unersättlich ihre Herrschsucht,
Daß selbst nach Eurem Herzogtum sie trachten.

Boleslav (rasch).

Da mag sie bald verdrießen solch' Gelüste!

Kochan.

Ihr schont zu lang, die nicht mehr eure Freunde,
Das nun verlockt die Kühnen zur Gewalt.

Boleslav.

Noch zwingt uns nichts, das Schwert zu ziehen,
Nie hatt' ich Fehde mit dem guten Alten.

Kochan.

Die Söhne sind's, die jetzt gebieten.
Die Christen schützet ihr und sie die Heiden,
Und jedem trotz'n sie an Gewalt und Fehde
Und rüsten heimlich gegen mich mit Ihren —

Boleslav.

So widersteht indeß mit euern Treuen;
Und sollt' euch's schlecht ergeh'n, so findet bald
Ihr mich an eurer Seit' — das tröste euch!
         (geht rechts ab)

===

Vierter Auftritt.

      Kochan (verbeugt sich mehrmals noch nach rechts).

Ei wie bequem, du großer Herrscher!
Zuerst soll ich die Tatzen mir verbrennen,
Dann erst will er die Schwachen retten und
Als Aller Herr im Lande Gnaden spenden.
Ha wol durchdacht, du schlauer Boleslav,
Mit dir ist nichts, du lahmer Landesherr!
Ein and'rer wird mir helfen, der dich bald
Verdrießen soll. Dein wilder Sohn folgt besser noch
Den Wrschowecen; deinem Rothhaar brennt
Die Seele, hört er nur von Krieg und Kampf.
Und zornerglüht stürzt er die Slavnik und
Auch dich bei Zeit. Dann steh' ich hinter ihm,
Der zweite Herzog, und werde bald sein eig'ner Herr.
O armer Wicht, der du dich sicher wähnst,
Als ob nur dein Geschlecht zur Herrschaft auserkoren,
Weil einst es mächtiger, weil glücklicher!
Ha weit gefehlt, dich reut wol spät die Täuschung!
Du hütest schlecht dich vor dem eignen Wildfang,
Denn er ist dein geliebter Sohn und Thronaff',
Durch diesen sieg' ich gegen dich und And're.
         (will gehen)
Ein roter Weg führt mich zum Herzogtum,
Wie dich einst Menschenblut zum Gold des Landes.
Auch Kronen müssen ihre Träger wechseln!

Und brächt' das Schwert mich nicht zum Ziel der Wünsche,
So führt die Hand der Herzogstochter mich
Doch sicher sanft hinan zum Throne Wenzels!
(links ab).

Fünfter Auftritt.
(Klosterhalle)
Adalbert. Radla.

Adalbert (vor einem Crucifix mit der Bibel in der Hand).
O wild sind' ich mein Volk und sittenlos,
Das finst're Heidentum hält es in Fesseln!
Ein düstrer Wahn bethöret alle Sinne
Und reißt entzwei der Menschheit himmlisch Band.
In Sklavenketten seufzen Gottes Kinder,
Gewalt und Zwietracht geißeln unser Land
Und blinden Götzen fröhnen seine Häupter.
Den Rachegöttern ist der Feind geopfert,
In Wäldern graben sie die Todten ein
Und tanzen nächtlich um der Brüder Leichen.

Radla.
Das Unkraut wuchert, Herr gib deinen Weizen!

Adalbert.
Und selbst die Edlen ehret blutige Fehde,
Im eignen Vaterhause droht das Unheil
Und Krieg und Gräuel sinnen meine Brüder.
Schon treibt die Kampflust sie und Beutegier,
Und fromme Männer — Priester höhnen sie.

Radla.
Es gilt ja kein Prophet in seinem Vaterland.

Adalbert.
O schwül und bang wird mir, denk' ich daran,
Die ich beglücken will, die werden hassend
Als bitt're Feinde mich verfolgen — kreuzigen!

Radla.
Gewappnet hast du dich mit Mut und Weisheit
Und wirst des Geistes Waffen brauchen.
Denn deiner harren harte Prüfungen
Und nach der Windstill' schleicht heran der Sturm
Adalbert (zum Kreuze gewendet).
O dreifach sterben will ich, Herr, gelingt
Das Heil mir meines Vaterlandes, die Bekehrung.
O kröne du sie mit Erfolg,
Wenn ich hier untergehend zweifelnd falle! —
(Gesang aus der Kapelle)
Radla.
Ja gute Geister leiten unser Leben,
O so verlaßt uns nicht in unsern Nöten!
(Trompetenstoß)
Sieh, Adalbert, dort deine Brüder kommen.
Adalbert.
Willkommen sind sie mir in diesen Hallen.
O Gott, nur sie laß mich gewinnen, sie
Nur noch zum heiligen Werke!

Sechster Auftritt.
Sobĕbor. Spitimir. Vorey. Časlav. Radim.
(Alle gerüstet außer Radim, der im Hintergrunde bleibt)
Die Vorigen.
(In die Scene)
Sobĕbor.
Wozu dies müßig Volk in der Kapelle?
Fort zu den Frohnden mit den Leibeignen!
(Der Gesang hört auf, Sobĕbor tritt ein)
Die rüstig noch, nehmt zum Gefolg der Reisigen.
Adalbert.(zu den Eintretenden).
Ha, was beginnt ihr da im stillen Kloster?

Sobĕbor.
Wir schafften ab den faulen Gottesdienst.
Das Volk soll dienen seinem Brodherrn, und nicht
Entwöhnen sich des Kriegs und strenger Arbeit,
Wie du und deine Mönche es verführen.
Adalbert.
Es lebt ein größrer Herr noch über Alle, der
Auch euch gebietet und das Weltall lenkt.
(ruft hinaus)
Ihr müßt Gott mehr gehorchen als den Menschen!
(zu den Brüdern)
Was wehrt den Knechten ihr die Sonntagsfeier,
Die Zeit der Menschheit?
Spitimir (auf sich zeigend).
Es ist der Tag des Herrn,
Und Herrendienst geht vor dem Gottesdienst.
Sobĕbor.
Willst du für sie uns dienen? O es scheint so.
Du gingst in Prag mit Asche auf dem Haupte
Und barfüßig herum im Bußgewand —
Alle.
Als Sünder?
Adalbert.
Ja noch mehr zerknirscht im Innern,
Ich fühlte kaum mich mehr als Knecht der Knechte.
Spitimir.
Ha du vergißt, daß du ein Slavnik bist!
Sobĕbor.
Als Bettelmönch schmähst unsern alten Adel
Und übst den Knechtsdienst, wie's gemeine Volk
Bei menschenscheuen Klostereulen.
Adalbert.
Ich bin für mich nur arm, für andre reich,
Und wer nicht arbeitet, soll auch nicht essen.

Porcy.
Doch wer zum Herrn geboren, soll nicht dienen.
Adalbert.
Und doch dient Gott zumeist uns, unser Schöpfer.
Ja in den Staub getreten ist die Gottheit
Und Mensch geworden, daß wir göttlich werden!
Ich komm' vom Sterbebette meines Bischofs,
Dem besten Mann, den Deutschland hergesandt.
Zum Landesvater ward der Seelenarzt,
Verdienst- und ruhmreich wie noch Keiner hier.
Und doch klagt' er, erschreckt von Todesqualen,
Vor Gott sich jammernd an als Sünder, weil hier
Das Heidentum noch lebt, indeß er sterbe!
(Bewegung unter den Brüdern)
Ja hört, was Christentod und Himmelstugend:
Der hier sein Leben ließ für Gott und Volk,
Hielt doch für eitel selbst ein großes Streben
Und nannte fremde Sünden seine Schuld.
Zu lässig, rief er, wachte Böhmens Bischof,
Umsonst lebt' ich, lebt' ein verlornes Leben!
Von Schmerz zerrissen kämpfte seine Seele und
Von Gottes Strafgericht umnachtet, sprach
Er selbst den Fluch aus über sich — und
Gebrochnen Herzens starb der Seelenhirt.
Ein beßres Ende wünsch' ich, Brüder, euch.
Was thaten wir für uns're Ewigkeit?
Mich warf die Krankheit auf das Sterbelager,
Noch in der Nacht legt' ich das Bußkleid an.
O Brüder denkt des harten Sterbebettes!
Gießt Tropfen nur zum Meer der Menschenwerke,
Daß doch ein Funke Seligkeit euch einst
Die Todesnacht erhelle!
Alle.
Hört die Predigt!

Sobĕbor.
Bekehren will er uns zum fremden Gott,
Zum Gott der Mönche und der Bettler;
Entführen unser Volk dem alten Perun,
Der Sieg verlieh'n der Väter Waffenthat!
Porey.
Was Wunder auch? Er trägt ja fremden Namen!
Adalbert.
Laß ruh'n den Erzbischof von Magdeburg,
Er gab das Beste mir, den Namen, den
Er glorreich machte.
Spitimir.
Du siehst gerüstet uns und kampfbereit,
Längst sind verschworen gegen Kochan wir,
Es gilt des Vaters Erb' und Ruhm zu mehren.
Adalbert.
In seinen letzten Zügen liegt der Vater,
Wollt ihr mit Kriegslärm feiern sein Begräbniß?
Sobĕbor.
Wir senden seine Feinde ihm nach in's Grab,
So ehren Ritter ihre tapfern Ahnen!
Adalbert.
O längst verzieh er ihnen, ahmt ihn nach.
Spitimir.
Nur deinetwegen schont' er christlich=feig sie.
(reicht ihm ein Schwert)
Da gürte dich mit diesem Ritterschwert,
Wie sich's geziemt für einen wackern Slavnik.
Dem Tapfern nur gehört die große Welt,
Nur Männermut in Waffen schafft sie uns!
Adalbert.
Die Friedenspalme ziert die Priesterhand,
Im Frieden lebt das Heil, im Gottesfrieden!

Nur Heiden spielen leicht mit eisern Würfeln,
Ihr betet an die Zeichen der Gewalt
Und kniet vor Swantewit, der Mißgestalt.
Ja Graus und Schrecken spiegeln vier Gesichte,
Befleckt mit Menschenblut ist sein Altar
Und Krieg und Gräuel werden Gottesdienst.

Sobĕbor.
Du wagst zu schmäh'n des Landes Segensgott?
Wer ist dein Christus vor Gott Swantewit?
Wir beten Götter an in Heldenfesten
(weist auf das Krucifix)
Und lassen Todgekreuzigte den Todten!

Alle.
Der Väter Ehr' ist auch der Söhne Wehr!

Sobĕbor.
Das Alte ist das Heilige.

Adalbert.
Dann ist das Ewige das Heiligste!
Ich schwur dem Christengott, dem Gott der Liebe,
(weist auf das Christusbild)
Der noch am Kreuz für seine Feinde betete.
Zum Welterlöser ward der Schmerzenssohn,
Am Kreuz erhob er uns zu Gottes Thron.
O werdet Ritter seines ewigen Reiches
(erhebt das Krucifix)
Und siegt für den, der für euch starb!
Am Landeswol verdienet Ruhm und Ehr'
Und folgt im Erbe auch des Vaters Tugend.
O so beschwört des Bürgerkriegs Verderben,
Und könnt und wollt ihr Menschen nicht beglücken,
So hält doch fern ihr Unglück, schont der Thränen.
Fluch oder Segen gilt das Leben, wählet!

2*

Sobĕbor (zieht das Schwert).
Zu spät kommt deine Lehre unsrer That.
Verdrängt vom Hofe ist der Name Slavnik,
Dem Herzog rathen uns'res Stammes Feinde,
Den Wrschoweeen gilt der Slavnik Fehde,
Um auszurotten uns'res Hauses Todfeind!

Adalbert.
Wie? Selbst erneuert ihr den Krieg und reißt
Die kaum verharrschten Wunden wieder auf?

Radla.
Verhüt' es Gott, bei Kochan steht der Herzog!

Adalbert.
O schwingt nur des Verderbens grause Fackel
Und ruft hervor die alte Blutrache,
Die ausgetilgt schon tausende Geschlechter!
Nur Haß und Herrschsucht treibt zum Kampfe euch,
In meines Gottes Namen beut' ich Frieden!
(Bewegung unter den Brüdern)

Spitimir.
Spar hier dein eitel Wort, das Schwert entscheidet!
(zückt das Schwert, desgleichen Porey und Časlav)

Adalbert.
So baut denn wutentbrannt das eig'ne Grabmal,
Ihr könnt dann siegberauscht hier eure Orgien feiern
Und nächtlich um der Eltern Gräber tanzen,
Wie Heiden rings noch über Leichen hin.
Es ist die Todenfeier eurer Seelen!
Den Stahl zu tauchen in des Feindes Brust
Ist Wonne euch, ist eure höchste Lust;
Ja Freude strahlen eure Blicke, indeß
Die Arme Blut vergießen, Menschenblut!
Bald loht die Flamme über allen Häuptern
Und spielt mit Hab und Gut des armen Volks —

Weh euch, den Schuldigen.
Gott straft den Übermut und Frevelsinn!
Aus euren Hallen flieht der Gottesfriede, ich
Verwerfe euern Glanz und stolzen Prunk
Und lege Fluch und Bann auf eure Thaten!
(Murren und Bewegung; Gesang von Außen: „Herr erbarme dich usw.",
wie am Aktschlusse folgt)

Soběbor.

Was das?

Spitimir.

Das Volk ist wieder da?

Porey. Časlav.

Wer rief es?

Soběbor.

Es lehnt sich auf, wer ist sein Aufrührer?

Radla.

Es singt Adalberts neuen Kirchenchor.

(Mlada tritt mit Rosa ein)

Mlada (zu Adalbert).

Komm, lieber Schwager, deiner harrt das Volk,
Es will die Predigt hören und wir alle.

Porey.

Da seht, wie er die Frauen schon gewann!

Soběbor.

Wo schwache Herzen, sind auch feige Seelen.

Radim (eilt in Adalberts Arme).

Und
Will keiner deinem Herzen Bruder sein, o
So nimm mich auf zu deiner Kirche Jüngern,
Ich folge treu dir, Bruder, bis zum Tode!

Adalbert (umarmt ihn).

O komm, mein Radim, du mein einziger Bruder,
Wie glücklich, Herr, ich hab doch e i n e n Bruder!

Du gabst mir ihn, o Gott, den jüngsten, liebsten,
Die andern haben dich wie mich verstoßen.
(geht Arm in Arm mit Nabim und Nabla rechts ab, die Frauen folgen ihnen)

Sobĕbor (ruft lachend nach).

Ha Kinder, Weiber, Greise und Krüppel — das ist Adalberts Kirche und der Christen Kriegsherr!
(Alle lachend ab)
Der Vorhang fällt.

Das Adalbertslied.
(Aeltestes böhmisches Kirchenlied)
Herr, erbarme dich unser,
Christ, erbarme dich unser!
Du Heiland der Welt, erlöse uns,
Erhöre uns're Stimmen, o Gott!
Gib allen uns Segen
Und Frieden im Lande,
Herr, erbarme dich!

Zweiter Aufzug.

Erster Auftritt.

(Klostergarten; links vor der Kirche ein Kreuzbild, rechts im Grunde Burg und Stadt Libic)

Adalbert. Mlada. Rosa.

Adalbert.

Nicht mein ist, was ich nicht verdient,
Laßt mich die Gaben mit den Guten theilen!
(beschenkt die Armen vor der Kirche, die sich dankniekend entfernen)
Ein Drittheil diesen, eins dem armen Klerus,
Und eins verehrt dem Schul= und Kirchenbau.
(vortretend)
Es ist nicht länger meines Bleibens,
Wo Gräuel füllt der Väter würdig Haus.
Der Bürgerkrieg verheert des Landes Garten,
Empörung reißt die Tempel Gottes nieder
Und Eines Volkes Söhne wüthen gegen
Ihr eigen Fleisch und ihrer Väter Herd.

Mlada.

O bleib' bei uns in schönen Ritterhallen,
Bald glänzt dein Priestertum an Hof und Thron und
Verherrlicht wird dein Nam' und edles Werk.

Adalbert.

Des Heilands Krone duldet keinen Schimmer,
Ein Dorngeflecht umschließt die Ewigkeit!
Ich muß hinaus ins Unglücksmeer der Menschen,
Muß tauchen mich in ihres Elends Tiefen, denn

Zur Rettung schuf mich Gott den Armen und
Wo groß die Not, ruft lauter sein Gebot.

Rosa.

Die Menschenliebe entreißt dich all den Deinen,
O so laß unsre Thränen folgen dir,
Dem besten Slavnik in die weite Ferne!

Adalbert.

Gott schütze euch und Libic's ganzen Stamm!
Es gilt der Zeiten Sündflut oder Besserung,
Und Gottgedanken sind des Menschen Sterne.
(Drommetenschall und Lärm im Hintergrunde; flüchtige Christen dringen,
verfolgt von Slavniks Knechten, in den Garten und scharen hilferufend
um das Kreuz sich).

Zweiter Auftritt.

Die Vorigen. (später) Spitimir, Porey, Časlav.

Adalbert.

Was das? Ha Slavniks Knechte?
        (weist entgegentretend auf das Kreuzbild)
Zurück vor diesem Bilde, fort ihr Schergen!
Der wilden Henkershand gebiet' ich Halt,
Die hier entweihen will die heilige Stätte.
So lange ich befehle diesem Hause,
Wird nicht das Gottasyl zur Mördergrube!
(Die Knechte ziehen sich zurück, indeß die Frauen die Bedrängten in das
    Kloster führen. Die Brüder treten auf)
Und so versucht sich Slavniks Heldenschwert?
Bis her auch bringt der Christen Hilferuf?

Spitimir.

Wer dächt' den Priester da bei unsern Frauen?

Porey.

Ihn müssen Weiber für die Welt bekehren!

Časlav.
Ja leichter ist's hier Frauen vorzureden,
Als Kochan draußen in die Flucht zu schlagen.
Adalbert.
Und leichter siegt im Feld ihr als im Herzen.
Spitimir.
Wir schlugen nie so rasch den alten Erbfeind!
Als Herren steh'n wir in des Landes Burgen,
Indeß im Bücherstaub umsonst du grübelst
Und jung zum alten Testamente wirst.
Gestorben ist dein Gott und uns'rer lebt!
(Fanfaren und Hochrufen im Grunde)
Porey.
Da hör den Jubel über uns're Siege,
Das erst ist Leben, solch ein Thatenfest!
(Pagen bringen Wein)
Adalbert.
Welch arme Seelen bei so reichen Thaten!
Kaum daß im Grabe ruht des Hauses Ahn,
Erfüllt des Krieges Jammer Stadt und Land
Und Kampfgeschrei ersticket Gottes Wort.
(Hurrahgeschrei im Grunde)
O Jubel herrscht auf Libic, Heidenjubel,
Der Christengott nur muß hier weinend flieh'n,
Zum zweitenmal habt ihr gekreuzigt ihn,
Gebannt, geächtet eigne Landeskinder,
Verfolgt der Christen fromme Glaubensbrüder —
O werfet weg der Väter heilig Erbe,
Wißt ihr kein besser Ziel der Macht zu stecken.
In euern Händen schmäht es ihren Namen,
Nur Edlen ziemen Gottes Edelgüter!
Spitimir.
Ja schenkt sie Kirchen nur und faulen Klöstern,
Erlangt ihr gleich die Absolution. (Lachen)

Časlav.
Für seine Almosen könnt ihr erobern!

Porey.
Vertheilt hast du dein Letztes unter Arme
Und schenktest Wichten, die der Knut' entronnen.

Adalbert.
So mach ich reich, die hier durch euch verarmt;
Denn besser ohne Gut als ohne Herz.

Spitimir.
Und wirst doch nie das Volk aus seinem Staub erheben,
Auch wenn zehn Könige es wie du beschenkten.

Adalbert.
Zu Reichen nicht, zu Rechten will ich's bilden.
Es bleibt der Demant edel auch im Staube,
Der selbst zum Himmel wirbelnd doch nur Staub bleibt.

Časlav.
Kein Bettler nimmt hier deiner Lehre Lohn.

Adalbert.
Die Ewigkeit erkauft kein König sich! —
(Dumpfer Hörnerschall im Hintergrunde, Leichen werden vorbeigetragen)
Da hört der Heiden dumpfen Hörnerklang,
Erschlagne schleppen in die Wälder sie
Und Niemand wagt die Todten zu bestatten.
Rings mehrt sich Sui und schreckende Gewalt,
Am eignen Vater rächet sich der Sohn
Und ihre Kinder bieten feil die Rabenmütter.
So bergen Götzen sie in ihren Höhlen
Und thun, was Satan schreibt in ihre Herzen.
O geht in euch, ihr mehrt Verderben rings,
Daß nicht des Unheils Flamme über euch
Zusammenschlage!

Porey.
Da habt den alten Sündenprediger,
Er legt uns Buße auf für unsre Siege!
(trinken unter Gelächter)
Adalbert.
Als Sieger selbst verwundet Herzen ihr
Und könnt nicht heilen sie, sie nie beglücken.
Indeß ihr schwelgt, geh'n Tausende zu Grunde!
Vor euern Thoren stehen nackte Arme
Und bitten Edle euch um Brod und Leben.
Das heilige Kreuz nur kann die Welt erlösen,
Zwingt ihr euch, Mächtige, auch zum Dienst der Menschheit.
Ihr sucht Gewalt nur in des Landes Gährung
Und wollt auf Trümmern euern Thron hier bauen.
Ja Götzen dient ihr und habt keinen Gott,
Nur was den Sinnen gilt, ist euer Gottesbild!
(weist auf das Kreuzbild)
Es starb der Heiligste für uns am Kreuze,
Ein Gott erlöste er uns vom Sündentod —
O kehret um und tilgt die große Schuld
Und schaffet Menschenglück, so lang es tagt,
Denn schrecklich ist die Nacht der Selbstverdammung.
Den Guten ist mein Gott ein lieber Vater,
Den Bösen doch ein strenger Richter!
Porey.
Und lebt kein Vater mehr, so hört den Pater!
(Gelächter)
Spitimir.
Laß deinen Gott der Bettler armen Volk,
Das sich nicht schützen kann, schirmt unsre Macht es nicht.
Uns Slavnik gilt das alte Heidenthum,
Zufrieden sind wir mit dem Siegeskranz,
Die Dornenkrone magst du selbst verdienen!
(Fanfaren und Jubel im Grunde)

Porey.
He lustig geht's auf Libic, kreuzfidel,
Du träumst vom Himmelreich, uns ist's beschieden!
Bezwungen sind die mächtigen Wrschoweeen,
Bald liegt zu Füßen uns das ganze Land,
Am Wyschehrad siehst bald die Brüder thronen.
    Časlav (schwingt einen Dolch).
Ja besser geht's uns hier mit Messeropfern
Als dir mit deinem Meßopfer!
    Porey (erhebt einen Pokal).
Von deiner ganzen römischen Christenlehr'
Sind uns am liebsten noch — die Thränen Christi!
    (trinkt)
   Spittmir, Časlav (stoßen an).
Glück auf, Porey! Auf dein Confiteor!
    (trinken).

Dritter Auftritt.
Sobĕbor (mit Gefolge). Radla. Die Vorigen.
    Sobĕbor (eintretend).
Führt die Gefangnen ab ins Burgverlies. (die Knechte ab).
   (gewahrt Adalbert)
Was laßt ihr länger euch von ihm bethören?
Mit unsrem Namen ist er unser Feind.
Im Lager hat er wider uns gepredigt,
Den Krieg verboten unsrem tapfern Volk
Und aufgehetzet unsre Bundestreuen.
    (zu Adalbert)
Ja wärst ein Mann und fähig einer Waffe,
Du müßtest stehen mir im ernsten Kampfe!
    Adalbert.
Auch ohne Schwert tret' ich entgegen euch,
Treibt euch ein Dämon hin zu Fehl und Frevel.

(erhebt das Kreuz)
Es ist das Kreuz des Lebens höchste Waffe,
Das Kreuz, das uns vom ewigen Tod erlöst!

Porcy.
Gefährlich ist wol deine Waffe nicht,
Weil selbst noch Tode auferstehn am Kreuze.
(Lachen)

Adalbert.
Deß spottet nicht, der einst euch richten wird,
Der Sieger über Tod und Hölle!

Soběbor.
Mit fremden Göttern willst gebieten uns?

Adalbert.
Es gibt nicht fremde mehr, nicht eigne Götter;
Es gibt nur Einen Gott wie Eine Menschheit, und
Wer diese trennt, ist gottlos.

Alle.
Hört die Predigt!

Soběbor.
So hetzte er auf im Lager unser Volk
Und lehrte Menschengleichheit, Brüderschaft,
Der selbst die eignen Brüder nicht erkennt.
Ja vor den Knechten schalt er unsre Sitten
Und schmähte laut der Väter Brauch und Recht,
Daß mehr als Ein Weib sich die Edlen nehmen
Und Juden wir verkaufen Kriegsgefangne,
Ja noch am Sonntag Markt und Robot halten.

Porcy.
Was alt und ehrwürdig, das rottet aus er.

Spitimir. Časlav.
Ein Abtrünnling ist er vom Stamm der Slavnik!

Sobĕbor.
Verderben bringt uns seine Lehre,
Er sät die Feigheit unter tapfre Krieger
Und dient dem Prager Herzog, unsrem Feinde.
Ja rings zerstört er unsre Bundesmacht,
Schon fallen ab von uns die Heiden,
Des Herzogs Stütze sind im Land die Christen.
Alle.
Fort müssen sie, fort alle Mönche!
Adalbert.
Nicht Christen treibt, nicht Mönche aus dem Land,
Nur Böse bannt aus Böhmens Segensland.
Sobĕbor.
Gefangen wird, wer fremd das Land betritt!
Genug lang wüteten die Heidentilger,
Ja wer nicht rief „Kreuz Christi", ward ermordet.
    (Bewegung unter den Brüdern)
Die Perunsdiener nannten Hunde sie,
Die so Beschimpften werden jetzt sie beißen,
Für sie gebaut sind unsre Hungertürme!
Und du nennst ferner Slavnik dich,
Der mehr den Feinden als den Brüdern gönnt?
Als **falscher** Bruder tratst du in das Lager
Und hast verführt, geblendet unser Volk,
Gebannt hat uns dein eitler Priesterstolz,
Jetzt bannen **wir** dich aus der Edlen Mitte:
Geh hin zu deinen Bettlern, die dich brauchen,
Und flieh der tapfern Ritter frohen Kreis,
Nicht würdig mehr der Väter Ehrenhaus!
Geschmäht durch dich ist Libic's Stamm und Name,
Befleckt durch Bettelmönche unser Adel,
Mach fort mit deiner siechen Weiberlehr'
Und nenne ferner nicht mehr Slavnik dich,
Gebannt von unsrer Burgen Hof und Schwelle!

                        Adalbert.
Halt ein, wir steh'n hier auf geweihtem Boden,
Und der verträgt nicht deinen Fluch!
Den brauchst du nicht zu bannen, der sich selbst gebannt;
Euch treibt der Rachegeist zu endlos Frevel,
Mich treibt von euch hier — mein Gewissen.

                    Spitimir (ruft hinaus).
Sperrt die Kapelle ihm, schließt alle Kirchen,
Die Heiden siegten hier, sie mögen jubeln!
            (Hochrufen in die Scene, Knechte erscheinen)

                        Soběbor.
Fort mit den Mönchen über alle Berge,
                    (weist auf das Christbild)
Fort mit dem Kreuz, das unsre Schande trägt,
Wer nicht mit Slavnik hält, ist Wrschowec!
            (die Knechte hauen das Kreuz um)

                        Adalbert.
Und meinetwegen bannst den Gottesdienst?

                        Soběbor.
Der Christ muß büßen seines Gottes Kreuz!
Der Ahnen Geist gebietet Slavniks Söhnen,
Nur Helden duldet Libic's Ehrenhalle.
Du predigst deines Heilands Sklaventod,
So schere hin zu deinen Leidensbrüdern —
                        (weist rechts hin)
Burg Libic duldet keine Bettelmönche!

                Adalbert (zur Kirche gewendet)
So lebe wol, o Geist des großen Vaters,
Der deinem Gott du weihtest Libic's Tempel!
Dein Sohn muß flieh'n den väterlichen Herd,
Die Burg der Kinderfreuden, deine Hallen,
Die Elternliebe erbaut uns allen.

(zu den Brüdern)
Und habt verwehrt ihr mir die heilige Stätte,
Muß ich mich trennen von der Ahnen Bildern,
Sollt ihr noch hören von mir in der fernsten Ferne,
(das Krucifix erhebend)
Daß aufersteht der Gott, den ihr gekreuzigt!
(geht ab, geleitet von Radla)

Spitimir, Časlav (böhmisch).
O deinen Degen werden schwer wir missen!

Soběbor (ruft nach).
Wir bauen bald dir eine Wenzelskirche
Aus Knochen aller fremden Feindesrotten!
Die Luft ist rein, nun athmet Perun frei,
Er ruft zu neuen Thaten bald uns alle.
Geht, Brüder, rüsten jetzt auf eure Burgen,
Auch gegen Boleslav erhebt die Waffen
Und schafft mit Schild und Schwert euch ewigen Frieden.
Schon fürchtet Prag die Herren von der Rose,
An unsre Fahnen heftet sich der Sieg —
Der Slavnik Erbe ist die Landesherrschaft!
(ab, alle folgen).

Vierter Auftritt.
(Saal im herzoglichen Schlosse zu Prag)
Herzog Boleslav. Der Rothhaar.

Boleslav (wird vom Rothhaar zu seinem Tronsessel geführt).
Noch fort bekämpft sich Slavnik Wrschowec,
Weh mir, weh meinem siechen Leib!
Schon war gezückt Libuscha's Richterschwert,
Da hielt es auf der Slavnik fromme Mönch,
Ich will nicht sterben in der Kirche Bann.

Rothhaar.

Gabt Ihr den Finger, gebt nun auch die Hand,
Durch Frömmelei geht unser Land zu Grunde.
Die Kriegesflammen werden nicht erlöschen,
So lang nicht Einer schwingt der Böhmen Scepter.
Der Mächtige muß mit dem Schwert gebieten!

Boleslav.

Doch lebt am Kreuze unser Heil,
So lang wir Christen schützen, herrschen wir;
Der Weg der Heiden führt zu jähem Abgrund.

Rothhaar (böhmisch).

Ein neues Bistum habt Ihr wol gegründet,
Doch Euer Land dafür verloren.
Jetzt kann der Sohn sich's neu erobern!
Im Kampf der Großen spielt noch unser Glück,
Es falle Slavniks Haus, dann Wrschowec,
Erst bis verblutet sich die alten Häupter,
Wird Böhmens Herzog aller Slaven König.

Boleslav.

O schüre nicht den Brand, der Prag ergreift,
Schon droht uns Untergang der große Bischof,
Ja Untergang dem ganzen Vaterland!
Mit Ring und Stab belehnte ihn der Kaiser,
Des neuen Hirten freut sich Alt und Jung,
Dem Sachsen Ditmar folgt der beste Böhme.
Des Krieges Wunden heilt Adalberts Liebe,
Der Menschheit Leiden schlägt sein edles Herz,
Des Volkes Sitten adelt unser Priester —
O zieh' entgegen ihm vors Prager Thor
Und höre, Sohn, noch auf mein letztes Wort:
Es wird das Kreuz zum Hochgericht der Heiden,
Das Kreuz, das den Erlöser trägt.
Der Gotteskämpfer ist der erste Held,

Ihm winkt Unsterblichkeit, der Edlen Krone!
Doch meinem Leben droht ein bittrer Tod,
Der Nächte Schrecken schleichen um mein Lager,
Weh mir, weh meinem siechen Leib —
(krümmt sich)
O Hilfe, Hilfe! Laßt mich sterben — o
Mein Leib, mein Leib!
(sinkt in Ohnmacht, herbeieilende Diener tragen ihn weg).

Fünfter Auftritt.
Der Rothhaar.

Schafft fort ihn! Aus den Augen mir!
Jetzt, wo es gilt, dem Land die Macht zu zeigen,
Sinkt er in Ohnmacht — ha, es sei die letzte!
Erwachst du noch einmal, erstick' ich selbst dich.
Für Christen fleht er, für Rebellen,
Hol' dich die Pest sammt deinen Pfaffen!
Von feigen Mönchen ließest dich bethören
Und hast verzieh'n dem grimmigsten der Feinde,
Geschont der Slavnik tolle Brut —
Zum zweitenmal werd' ich's verhüten,
Es wird sich zeigen, wer der beß're Herrscher!
Ich werde züchtigen der Großen Übermut,
Wie es die Welt noch nie geseh'n.
In Kampf und Kriegen siegt der Satan nur;
(ruft hinaus)
Darum hervor, ihr alten Spießgesellen,
Heraus, ihr wackern Kampf- und Zechgenossen!
(Gewappnete treten hervor)
Es gilt zu retten meinen Schwäher Kochan
Und zu vernichten Slavniks stolzes Heer.
Bis aus dem Wald die Feuersäule steigt,
Der Dörfer Brand veranstalt meinem Zug,

Dann stürzt herbei aus dunklem Hinterhalt,
Wir feiern mit der Slavnik Siegesfest
        (hebt einen Pechkranz empor)
Und krönen sie mit unsern Flammenkränzen!
Ja mit den Wrschoweeen schützen Prag wir,
Mit meinen Heiden schaff' ich neu das Land,
Bis selbst sein eigen Volk sich nicht erkennt —
        (schwingt die Fahne seines Waffenträgers)
Der roten Fahne folgt das junge Böhmen!
        (stürzt fort, alle ihm nach).

      Der Vorhang fällt.

Dritter Aufzug.

Erster Auftritt.
(Freier Platz vor Kochans Zelte)
Kochan vor seinen Führern.

Kochan.

Ihr Schurken, Schufte, feige Mönch' und Memmen, he
Was seid ihr? Juden, Christen oder Heiden?
Der Slavengott muß euer schämen sich!
Bei Perun, solche Memmen gab's noch nie,
Die so der Wrschowecen Stamm geschändet!
Des Teufels seid ihr alle, hört ihr nur
Der Slavnik Kriegshorn blasen euer Hasenlied,
Als ob die Wetterhex' in euch hineingeschlagen.
Ihr Balgritter und Raufbarone,
Ihr Schnapphähne und faulen Ahnenklex',
Gab darum ich zu saufen euch quantum satis,
Daß auf der Flucht die Füße ihr leichter erträgt?
In Weiberröcken laß ich peitschen euch
Durch alle Straßen und Gassen uns'rer Stadt,
Bis Jericho vor euch zusammenstürz'.
Dann kaufen Juden euch als Blasengel!
Fünf Weinlesen habt ihr mir ritterlich vertilgt,
Gezecht, geprasst, daß sich ein Gott erbarm',
Hol euch der Schwarze mit dem Höllenhund!
Ich laß euch schinden bis auf's Knochenmark,
Wie mich schon eure Feigheit abgeschunden.
(droht ihnen mit dem Schwerte)

Erster Führer.
Verzeiht, gestrenger Herr, wir sind nicht schuld,
Alleinig kämpften wir und ohne Prager.

Kochan.
Ja Slavniks Pfaff bethörte Boleslav,
Dafür ereilt ihn meine Rache jetzt.
Im Stiche ließ der alte Herzog uns,
Vom Schlag gerührt doch liegt der feige Frömmler,
Hol' ihn der Teufel in der Ewigkeit!
Der junge Rothhaar zieht für uns das Schwert,
Er hilft erringen uns die Elbeburgen;
Nicht eher werd' ich ruh'n, bis ausgetilgt
Der Slavnik Schlangenbrut vom Erdenboden.
Erschienen ist uns der Vergeltungstag,
Tilgt aus die Schmach mit altem Löwenmut,
Den Siegestrunknen gilt das Rachesschwert!
Und würdet jetzt ihr Schwache nicht besiegen,
So könnt ihr alle bald zur Hölle fahren
Und Gottes Engeln Müh' ersparen.

Zweiter Führer (fährt mit der Hand zum Hirn).
Ah jetzt erst seh' ich's ein, es muß so sein!

Kochan.
Am Wege nehmen wir das Georgskloster,
Wo noch verborgen weilt mein früh'res Weib.
Im Ehebruche ward ertappt die Schlange,
Ein Priester schützt, die unser Haus geschändet.
Der Slavnik' Mönch hält sie versteckt vor uns,
Der uns geraubt die Hilfe Boleslavs.
(weist nach rechts)
Im nahen Kloster hat er sie verborgen,
Des Mannes Recht bestreitet der Verräter,
Doch werd' ich köpfen sie nach alter Sitte,
Wie sie's verdient, verdient der böse Pfaff.

Für heilig hält das Volk den frommen Wicht,
Entlarven will ich diesen Schwarzen
Vor euch und unsrem ganzen Volke,
Die Kutte deckt ihn hier zum letztenmal!
   (ab, alle folgen).

Zweiter Auftritt.

(Klosterzelle)

Adalbert (links beim Fenster vor einem Krucifix).
Trüb ist der Himmel, trüber meine Seele.
Und lebt kein Trost über Wolken mir?
So grauenvoll umdüstert ist mein Sinn,
Als müßt' ich früh vergeh'n im Grab der Zeiten
Und untersinken in dem Weltenmeer!
O sammle dich, nicht merken darf's das Volk,
Nicht zagen darf der Priester, nur entsagen.
In finstern Nächten stand ich auf, mich ließ
Nicht ruh'n die Sorg' um Gottes Seelen.
Und doch bekämpf' ich lange Jahr' umsonst
Hier starrer Mächte widerspänstigen Geist
Und Sturm und Wetter streiten wider mich.
Ein schlechter Hafenplatz ist diese Welt,
Wo Meer und Weg' umdroh'n den Erdverstoßnen,
O erst der Mann fühlt ganz die Menschenschwäche!
Doch hier will bergen ich all meinen Kummer,
   (zum Krucifix gewendet)
Nur dem Gekreuzigten sei er geklagt.
Kaum daß gestiftet ich mein erstes Kloster,
Umschwärmen Heiden rings die heilige Stätte
Und droh'n Verderben meinem Gottasyl.
O wann wird jene frohe Zeit erscheinen,
Wo Ein Hirt einst und Eine Heerde nur? —

Ja denk' ich dich, o Gott, in deinem Himmel,
Wird leicht mein Sinn und hell die Nacht der Nächte!
(Geräusch).

Dritter Auftritt.
Adalbert. Porey.

Porey (in die Scene).

Laßt mich ein!

Stimmen (draußen).
Mit Waffen nicht!

Porey (eintretend).
Ich will doch seh'n, was er im Kloster treibt!
(sieht sich um)
Ha, in dieser Zelle wohnt ein Slavnik?
Hier sperrt er sich in seinem Kerker ein?

Adalbert.
Birgt doch das Weltall so viel Nichtiges.

Porey.
Was sinnst du, Einsiedler, in deiner Klause?

Adalbert.
Wol einsam hier, doch nicht allein.
In sich erst schaut der Geist der Dinge Grund,
Aus Wüsteneinöd sandte Gott Propheten.

Porey.
Bei Perun, stets der alte Sonderling!
Fließt denn in dir kein Tropfen Blut der Slavnik?
Entfremdet bist du deinem Haus und Stamm,
Verloren deinem Volk und Vaterland?
Sehnt sich doch jeder Mann nach einem Schwert
In Zeiten, wo es gilt die Welt zu zwingen!
Der Knabe freut sich auf die gold'nen Sporen,
Auf Männerwettkampf und der Helden Sieg —

Nur du kennst nicht der Ahnen Ehrenpreis
Und willst begraben dich im Staub der Büßer
Und h i e r vertrauern deine Jugendzeit.
Der Freudentage denkst du nicht auf Libic,
Der Jubelfeste, die die Slavnik feiern?
Adalbert.
Wie könnt' ich segnen eure Fahnen,
Wenn größer eure Schuld als eure Siege!

Porey (auf Krucifix und Bibel deutend)
Wirf weg dein Marterholz mit seinem Todten
Und dieses Buches schwarze Grabesschrift.
Zum Ruhme ruft dich auf die Brüderschaar,
Zu Heldenthaten und der Edlen Sieg!

Adalbert.
Mein Reich ist nicht von dieser Welt; und wäre es,
So würd' ich so wie ihr es niemals gründen.

Porey.
Kein Reich ist ohne Krieg und Wut erbaut!

Adalbert.
Darum besteht auch kein's vor Gottes Weltgericht.
Zum Leben ist mein Gott am Kreuz erstanden,
Doch lebend opfert ihr den Todesgötzen.
Die Sonne, die der Erde Himmel malt,
Sie schaut herab auf eure blutigen Leichen!
(zieht einen Vorhang weg, wodurch mehrere Todtenköpfe sichtbar werden)
Wie viel könnt' dieser Kopf der Menschheit nützen,
Fiel er nicht eurer Wut zum frühen Opfer?
Und bist ein Slavnik du, des Landes Edler,
So gehe hin und still' der Witwen Thränen
Und rette die verlornen Waisen.
Und mich laß trauern hier so lange,
Bis sich ein Gott erbarmt der Gottverlass'nen und
Der Mächtigste noch hilft den Ärmsten!

Porcy.
Den Ärmsten seh' ich wol vor mir.
Du suchst den Himmel im gezierten Grab
Und wähnst im Sklaventod noch Auferstehung.
Um Kreuz und Gräbern wandeln Geistgespenster,
Als wär' die ganze Welt ein Ecce homo.
Und was bedeutet denn dein Kreuz?
(macht mit dem Finger ein Kreuzzeichen)
Wol einen Strich durch deine Rechnung.
Nur Mönche bringst aus Deutschland, keine Ritter —
(schlägt die Hände zusammen)
O Magdeburg, du Todtenstadt der Männer!

Adalbert.
Der Tod ist Leben, führt er uns zum Ziele.
Aus Kreuz und Leiden erst ersteht der Geist,
Ein göttlich Opfer fiel für unsern Himmel,
Ein Opferdienst ist unser ganzes Sein
Die Tugend nur macht es zum Gottesdienst!

Porcy.
Selbst Götter nehmen in dem Kampf Partei,
Und du willst hier noch in der Mitte stehn?
Folg uns, willst hier nicht deinen Stamm verraten.

Adalbert.
Die Tugend zeiget, nicht den Stamm;
So lang ihr kriegt, sind Fremde meine Brüder.

Porcy.
Und blüht nicht dir auch unsres Hauses Glück,
Bist nicht auch du entstammt der Slavnik Rose?

Adalbert.
Aus Pflichtendornen blüht des Heiles Rose.
Ihr strebt nach Herrschaft rings und schaffet Knechte,
Als Knecht dien' ich und bilde freie Menschen,
Zu bessern Brüdern alle, als ihr mir seid.

Das Christentum nur schützt ein gutes Volk,
Entreißt Verzweifelte noch dem Verderben
Und rettet uns und unser Vaterland!

Porey.
So sei nur stolz auf deiner Kirche Bau,
Den bald dir stürzt der Heiden grimmige Wut.
Das wilde Volk gehorcht dem Eisen nur,
Vor unserm Schwerte zittert der Barbar!
Es wird dich reuen einst den Kampf zu missen,
Der dich errettet aus des Feindes Klauen.
Wenn Mord und Brand die Kirchen dir verheert,
Der Wölfe Schaar die Lämmer dir zerreißt —
Ha dann erkennst das grause Ungethüm;
Ein Wahn ist deines Gottes Heiligtum,
Lehrt dir in Waffen bald die wilde Volksgewalt!

Adalbert.
Ich ruf' auch dann nicht euer Rachesschwert,
(weist auf das Krucifix)
Es weiß der Hirt zu sterben für die Herde.
(Leiser Choral)
Da sieh hinab in unsrer Väter Gruft,
Tief dringen mir die Todtenklänge ins Herz.
Und sollen sie auch meinem Volke gelten?
Soll untergeh'n es in der Sündenpest,
Verderben hier im eig'nen Lasterpfuhl?
Wer rettet es vom ewigen Tode? —
Es ist der Mensch der Ärmste der Gebor'nen,
Er sinkt vom Sonnenthron zum Staub des Wurm's,
Erhält ein Gott ihn nicht in Himmelshöh'n!

Porey.
Nur Zwietracht säet im Lande deine Lehre
Und Ärgerniß verbreitest unter Heiden.
Mit Fremdlatein verdrängst du unsre Sprache,

Wo selbst ein Ditmar schonte unsre Sitten.
Und Mönche schützest hier und Christensklaven
Und nimmst gefallner Dirnen selbst dich an, ja in
Dem Kloster birgst du eine Buhlerin
Und willst entzieh'n sie der verdienten Strafe.
Ist das dein Priesteramt, das du uns vergibst?

Adalbert.
O spare deine Predigt Libic's Hof!
Ihr sucht bei Armen nur der Menschen Schuld
Und rächt an ihrer Not die eignen Sünden.
Doch eine Edle ist's, die hier geborgen,
Des Wrschowecenhauptes eigne Gattin,
Die leicht dort fiel, wo and're an ihrer Stelle.
Verfolgt von Mördern floh sie her zur Kirche
Und flehte reuig am Altar um Gnade.
Gehorsam schwur sie diesem Kloster, und
Der Büßerin ward ein Asyl.

Porey (erschrocken).
Und du willst schützen sie vor Kochans Rache?

Adalbert.
Die Gotteshallen dulden keine Rache.

Porey (rasch).
Nach Landesbrauch muß sie ihr Gatte enthaupten.

Adalbert.
Er darf als Christ nicht ihren Tod mehr fordern.

Porey.
O traue nicht den falschen Wrschowecen,
Du hältst für Christen schon verkappte Heiden!
(Gemurmel draußen)
Da hör, das Volk ist auf, vernimmst du nicht den Sturm?
Es wird die Nonne vom Altare reißen.
(Getümmel, Rufen)
Welch Rufen, hör! Man will ihr Blut!

Adalbert.
Im Christenkloster darf kein's fließen;
Zu bessern ist hier, nicht zu morden.
Kein Mensch darf nehmen ihr dies Leben, das
Sie Gott geweiht und nun der Menschheit widmet!
(Tumult)
Porcy (eilt zum Fenster).
Da sich Bewaffnete die Thore sprengen,
Empört hat sich der Haufe, nimm ein Schwert.
Die Bestie stürmt dein Kloster, wehe uns,
Wohin geriet ich, ha ein Überfall? —
(zückt das Schwert)
Adalbert.
Bleib ruhig nur, kein Feind betritt die Halle.
Des Mordes Waffe wird hier stumpf und schartig,
Ins Heiligtum dringt keine Schergenhand.
(erfaßt das Krucifix)
Entgegen stürz' ich mich der wilden Menge,
Durch mich erst geht der Weg zur Sünderin,
Zur reuigen, gottbekehrten Büßerin!
(will fort, Tumult)
Porcy (hält ihn zurück).
O Bruder rette dich, wir sind verloren!
Ha Kochan selbst ist's, seine Stimme ist's,
Hörst du das Rufen? Wehe uns,
Wir sind des Todes, bist hier ohne Knappen!
O wage nicht hinaus dich ohne Waffe,
Da nimm mein Schwert, ich eil' dir nach,
Geh' Bruder so nicht unter Wütende!

Adalbert.
Ich bin gewohnt hier Rasenden zu steh'n,
Vor Gott, dem Richter, zittre ich, nie vor Menschen.
Mein Leben schützt die reuige Edelfrau,

Auf mich nahm ich mit Gott ihr Seelenheil
Und werde retten sie, sterb' ich wie dieser!
(weist Porey das Krucifix und eilt unter Getümmel fort)

Porey (ruft nach).
Ha Bruder, was beginnst du? Welch ein Wahn!
Er sucht den Tod für ein gefallnes Weib —
Das muß ich hindern, diese Schmach verwehren,
Und sei's im Guten oder Schlimmen!
(will ab)

Vierter Auftritt.
Benedikt. Porey.

Benedikt (stürzt herein).
O folgt mir, Herr, ist Euch das Leben lieb!
Mit seiner ganzen Macht stürmt Kochan an,
Bedenkt, wüßt' er von Euch hier,
Es blieb' kein Stein mehr auf dem andern!

In die Scene mehrere Stimmen.
Ergebt euch! Kochan ist's, der Wrschowece!

Porey.
Ha, welche Höllentücke trieb hieher mich?

Benedikt.
Der grause Rothhaar hilft den Wrschowecen,
Vergeblich ist da aller Widerstand.
(weist nach rechts)
Hier in der Gruft noch könnt ihr Euch verbergen.
Folgt, Ritter, einmal auch dem Mönche,
Euch deckt der Hochaltar hier, unser Schild,
Die Todten nur mehr schützen Euer Leben!
(zieht den Zaudernden mit sich fort; Getümmel und verworrenes Geschrei)

Fünfter Auftritt.

(Platz vor dem Kloster, bewaffnete Volkshaufen stürmen das Thor)
Adalbert. Kochan. Erster und zweiter heidnischer Priester.

Adalbert (aus dem Hofraume in die Scene).
Laßt Gott die Rache, seid barmherzig,
Wie euer Vater es im Himmel ist!
(Der Volkshaufe am Thore weicht zurück, Adalbert erscheint)

Kochan.
Was zögert ihr? Stürmt vorwärts nur! Zum Henker,
Was laßt ihr hemmen euch von diesem Hehler?
Nur schwarze Seelen deckt die schwarze Kutte.
(zu Adalbert)
Mach fort von hier, abtrünniger Heuchler!

Adalbert (zum Volk gewendet).
Wie viele kamen da um zu zerstören,
Wie wenige sonst um Menschen aufzurichten?
Zurück, ihr Unglückliche!

Kochan (schreiend).
Vorwärts sag' ich.
(treibt sie an, das Volk bringt abermals vor)

Adalbert (auf Kochan weisend).
So wollt, ihr Schergen, diesem Henker folgen?
Dann greifet mich, ich bin der Schuldige,
Ja ich verdien' den Tod, ich hab' verführt sie!

Erster Priester.
Nein, nimmermehr glaubt seiner List,
Der schlaue Mönch will euch bethören nur.
Er will die Heiligenkrone hier verdienen
Und über uns der Christen Rache rufen.

Kochan.
Das soll dir nicht gelingen, schwarzer Schelm,
Zum Märtyrer bist noch nicht reif.

Plagt dich die Sehnsucht nach dem Heiligenschein?
Wir wissen andere Mittel dich zu quälen
Und langsam hier und sicher tod zu martern.
An deinen Brüdern nehmen bald wir Rache,
An ihren Weibern, Kindern, Edelgütern,
Wie lang verdient es diese Satanssöhne.
Die Höllengötter werden segnen sie!
Und du, der du nicht Gräuel sehen kannst,
Du sollst sie schauend hier zu Tod dich grämen
Und jammervoll und elend untergeh'n!
(Gejohle und Tumult vom Hofe her)
Erster Priester.
Da seht, gefunden schon ist eure Gattin,
Ein Knecht entdeckte ihr Versteck,
Er schleppt hervor sie, nun vollzieht die Rache.
Kochan.
Ich will nicht lebend mehr sie seh'n, köpft selbst sie!
Zweiter Priester.
Schon hält ein Knecht den Kopf der Edelfrau.
(Ein Freiknecht hält im Hintergrunde ihr Haupt empor. Gejohle
ringsher)
Adalbert (sinkt sein Gesicht bedeckend nieder).
O Herr im Himmel, sei ihr gnädig!
O laß in Sünden nicht uns untergeh'n,
Laß sterben uns, doch nie dein Bild in uns!
Kochan.
Wie dieses Weib, so straf Gott Perun dich!
Er hat gerächt uns und sein Zorn und Grimm
Vertilge dich auch bald sammt all den Deinen,
Auf daß das Land und alle Welt erkenne,
Daß nichts der Slavnik Macht und Segen — vor
Der Wrschowecen List und Degen!
(geht ab, Gejohle rings).
Der Vorhang fällt.

Vierter Aufzug.

Erster Auftritt.

(Freie Landschaft; inmitten kniet auf einem kahlen, dem später sogen. Grünberge Adalbert; zu beiden Seiten halten Mönche Mitra und Bischofsstab, herum das Volk; im Hintergrunde ragt eine Waldkapelle empor, aus der Gesänge dringen)

Adalbert.

O Herr des Himmels und der Erde,
Der du im Sternenglanze ewig thronst,
Send' deiner Wolken Thau und Regen
Uns schwachen Kindern deinen Vatersegen!
O laß nicht sterben uns in öder Wüste
Und nicht verschmachten in dem Thal der Zähren!
Schon welkt der letzte Halm, die Erde lechzt,
Im Sonnenbrand versiegen Quell und Brunn
Und Krankheit rast in unsern schwülen Adern.
Ein Haideland ist Böhmens Segensflur,
Es seufzt das Volk, es ächzt die Creatur —
Verderben muß die Welt, vergeh'n ihr Ruhm,
Willst du nicht, Herr, der Schöpfung Wunder thun!
(weist hinauf)
Des Himmels Krone wird der Erde Fluch,
Zum Menschengrab die alte Erdenmutter!
Drei Monde schon verraucht der Erde Kraft,
Kein Regentropfen wehrt der Stralen Glut
Und schattenlos verdorrt das Baumgefild.
Auf deinen Wink eilt' ich von Rom hieher,
O laß nicht untergeh'n mein Vaterland!
Laß wieder grünen Böhmens Segensau

Und sende deiner Wolken kühlen Schatz,
Im Himmelsthau erglänzt des Lebens Demant!
(Die Landschaft verdunkelt sich)
Und mehr noch als des Landes Segensfülle
Gib meinem Volk des Geistes Glorie,
Laß wiederstralen ihm dein Himmelslicht
Und d i r erglüh'n der Heiden finstre Seelen.
Das Werk der Menschheit wachse, fromme, blühe
Und führ' aus Leiden uns zu deiner Seligkeit!
(steht auf und breitet segnend die Hände über das niederknieende Volk aus; die Landschaft verfinstert sich, im Grunde wird ein Regenbogen sichtbar und Adalbert zieht sich unter fernem Donner und nachfolgendem Volksjubel zurück)
Mehrere Stimmen im Hintergrunde:
Die Wolken steigen, seht, der Regen naht!
Alle.
Heil Adalbert, Heil unserem Bischof,
Heil dir, du Gottesmann!
(Das Volk stimmt eine Hymne an).

Zweiter Auftritt.
Radim (tritt aus der Menge hervor).

Vom Segen seiner Hand ergrünt die Flur,
Im Regenbogenglanz erstralt der Berg,
O Gott, hör' deines Priesters Jubeldank!
Gerettet hast du unser Land und Volk,
Und vorwärts schreitet die Bekehrung rings
Und Lobgesang verherrlicht deine Stärke.
(zum abziehenden Volke gewendet, dessen Gesang noch ferne hörbar)
O dieser Klang versöhnt mein wundes Herz,
Ja folgt Adalbert, eurem Seelenhirten,
Gern folgt dein Bruder dir, dem A l l e Brüder!
(rechts ab).

Dritter Auftritt.

(Rittersaal zu Libic)

Sobèbor (als Herzog, hingelehnt auf einen Thronsessel)
Adalbert wieder ist des Landes Bischof?
Nur Gottesgaukler werden Bischöfe.
Die Prager riefen ihn zurück von Rom —
Ha, aus den Angeln ist die Welt!
Der nie ein Schwert berührt, soll uns gebieten,
Der Krummstab herrschen, wo die Ahnen siegten.
Entscheiden muß der letzte Kampf im Land,
Ob Böhmen christlich oder heidnisch,
Ob alte Götter oder neue gelten!
Umsonst mehrt Boleslav nicht Kirchen, Klöster,
Nur um des Kaisers Gunst kriecht er zum Kreuze.
Ja gut benützt hat er der Slavnik Mönch,
Sein rechter Arm zu Prag ist Adalbert,
Was ihm nicht folgt, gehorcht doch seinem Bischof.
Zum Kreuze will er Böhmens Scepter schmieden,
Die Welt kuriren dieser Qualenarzt,
Die Hölle ruf' ich wider seinen Bischof.
Die Pfaffen sollen seine Herrschaft stützen,
Wo schwach sein Arm und kraftlos sein Gehirn,
Nur Lahme klammern sich an Gottes Schirm.
Es werden Weiber noch die Welt regieren!
Schon schwindet unser Anhang, seiner wächst,
Durch Pfaffenlist ward mächtig Boleslav,
So will ich seh'n, wie viel ein Bruder wert.
Adalbert hat das Volk ihm zugeführt,
Der Slavnik soll es mir bald wieder schaffen!
Der Christen Schutz will ich ihm zugesteh'n,
Zum Hirtenstab mein siegreich Schwert gesellen
Und selbst mein Knie für eine Krone beugen.
Er sei hier Bischof, ich sein schützend Haupt,

Die Prager sollen ihn nicht haben —
Durch Adalbert soll mich das Volk begrüßen!
Ist er kein Mann, kann er doch Mächtige werben,
Mir dien' sein Kreuz, so lang es noch geglaubt,
Es taugt der Mönch am besten zum Gesandten.
Bei Königen ist er geehrt, gerühmt,
Der Kaiser selbst sein Freund, der Papst sein Gönner —
So schickt der Priester sich für unser Haus,
Wie stets der Pfaff für die betrogne Welt!

Vierter Auftritt.

Soběbor. Adalbert (im Bischofsornat von Radla und Benedikt vorgeführt).

Soběbor (steht auf).
Was trieb dich her von Rom? Wer rief ins Land dich?
(Radla und Benedikt gehen ab)

Adalbert.
Die Not des Volkes rief den Bischof,
Das Herz trug mich zu meinen Brüdern.
Der Christ darf keinen Groll im Busen hegen,
Der Mönch floh dich, der Bruder kehret dir,
Gott grüße dich, nimm an dies kurz Gebet!
(reicht ihm die Hand)
Des Landes Bischof will sein Haus hier segnen,
Verherrlichen der Väter Stamm und Sitz.
Zum Fest des Volkes komm' ich laden dich,
Vom Hungertod hat es sein Gott errettet,
Von eigner Knechtschaft laß es uns befrei'n!
Versöhnung stralt der Himmel auf die Erde,
Er schmückt die Flur und füllt mit Lust die Hütte,
Soll Libic nicht die Freude wiederstralen?
O stimm' mit ein in unsern Jubelsang
Zur Auferstehung des verjüngten Volkes!

4*

Soběbor (setzt sich).
Dich hat wol Kochan eines Besseren belehrt,
Daß du zuletzt dich noch an Brüder schließest.
Ein Wunder schier hat dir das Volk gewonnen,
Doch gingen Hof und Adel dir verloren.
Ja Boleslav ist dein Verfolger,
Des Vaters Gunst entgilt des Sohnes Rache.
(erhebt sich)
Dir scheint noch unbekannt hier die Gefahr,
Die deinem ganzen Stamm der Slavnik droht.
Schon lange sann Verrat der grause Rothhaar,
Jetzt schwur er uns voll Trug den Untergang.
Zu Felde zog er mit den Wrschowecen,
Zum Abfall bracht' er unsre Ritter,
Er wird entsetzen dich des Prager Bistums, denn
Ein Dorn im Aug' ist ihm der Slavnik Macht —
Uns allen schwuren sie den Untergang!

Adalbert.
So hab' ich recht geahnt, was hier bevorsteht?
O bange ward mir in der ewigen Stadt
Und bang am weiten Meer um Land und Brüder,
Ein finstrer Geist trieb mich von Rom hieher!
Als ich zum letztenmal das Hochamt sang
Und am Altare dort zur Wandlung kniete,
Da plötzlich fand ich mich in eurer Mitte:
Drei Brüder trug man mir zum Thor hinaus,
Als Priester folgt' ich ihrem Leichenzug
Und weihte weinend sie mit meinen Thränen.
Und als die Todten ich im Grab besprengte,
Da sank auch ich hinab zu ihrer Asche.

Soběbor.
Dem Traume fehlt die rechte Deutung nur,
An dir liegt's, wird der Wahn zur traurigen Wahrheit.

Indeß du träumend finnst in deinem Kloster,
Geht rings die Welt um dich verloren dir;
Indeß du dichtest deinen Kirchensang,
Tönt Kochan's Schwert uns hier das Todenlied.
Besetzt vom Feinde sind die Elbeburgen,
Nichts hält mehr auf hier den Entscheidungskampf.
Laß nicht mit Worten dich am Hof bethören,
Zwei Teufel spinnen unser Todesnetz,
Es gilt im Land die Slavnik auszurotten.
Es gilt den Sturz der heiligen Ahnenburg!
Doch ist mit Einem Streich ihr Netz zerrissen,
Zeigst einmal du als unser Bruder dich.
Noch ist hier Böhmen rings in unsrer Macht,
Ein Leichtes ist es dir dein Haus zu retten,
Ein Leichtes, uns das Prager Thor zu öffnen,
Führst du im Umgang dort das Volk hinaus,
Verzögernd seine Rückkehr bis zum Abend —
Kein Mensch merkt List in frommer Weise.
In deine Herde mischen sich die Unsern,
Die Nacht deckt meinen Anmarsch vor die Stadt
Und rasch im Überfall ist Prag genommen.
Dann sollst du schau'n, was unser Arm vermag,
Was deine Brüder noch im Land der Slaven.
Das Höchste kannst mit uns hier kühner wagen,
Mit Slavniks Banner in ganz Böhmen herrschen!
Kein Mensch darf schädigen mehr deine Kirche,
Durch mich gehorchen Volk und Adel dir,
Dann richten wir das Land vom Wyschehrad,
Die wir entstammt dem alten Herzogshaus —
Uns Slavnik stralt der Glanz der Wenzelskrone!

Adalbert (tritt zurück).
Und so willst du zu deinem Throne schreiten,
Durch Meineid soll ich dich zum Herrscher krönen?

Den Priester miete nicht zum Gottverrat,
Weh dir, daß du mir solchen zugemutet!
O laß nicht denken mich den Plan der Blutschuld,
Der Sünde denken schon ist Sünde!
Der Christen Hort ist meine Prager Kirche,
Die Gottesherrschaft duldet keinen Mackel.
(das Krucifix erhebend)
Wie könnt' ich den verraten, der für uns gelitten
Und uns am Marterholz ein ewig Heil erstritten:
Die Sonne reißest früher von dem Himmel,
Als meinen Gott je aus dem Menschenherz!

Soběbor (unwillig).

Erwache, Träumer, doch von deinem Wahn!
Nicht mehr um Christus handelt sich's und Perun,
Um unser Leben geht's, um deiner Brüder Sein,
Um **aller** Slavnik Volk und Vaterland.
Willst zögern noch im Kampf um dein Geschlecht,
Um deiner Väter hochberühmtes Haus?
Es gilt den höchsten Einsatz, unser Alles,
Führst du uns nicht in Böhmens Bollwerk ein!
O laß bewegen dich und Prag erkämpfen uns,
Sonst muß hier Libic, muß die Heimat fallen!
Um Kampf und Sieg dreht sich die ganze Welt,
Selbst Götter huldigen dem Gott Erfolg —
So hilf erringen uns der Ahnen Krone,
(beugt sein Knie)
Dann kniet der erste Slavnik vor dem Priester,
Der Landesherr selbst vor dem Bettelmönch!

Adalbert.

O nimmermehr kann euch mein Eidbruch frommen!
Nur Heiden schüren Haß und Bürgerkrieg,
Indeß Gott segnet, sündigt ihr auf Libic.

(erhebt das Krucifix)
Beim Sterbensbilde des Gekreuzigten
Beschwör' ich Bruder dich, steh' ab vom Krieg,
Setz nicht dem Brudermord die Krone auf.
O folge mir, willst hier nicht untergeh'n,
Zur Wut entflammet sind die Leidenschaften,
Verdammet wird, wer nicht Verdammte flieht!
Noch schaff' ich Frieden euch, wollt' ihr Versöhnung,
Zähmt ihr den größern Feind in eurer Brust —
Versöhnung füllt das Herz mit Himmelslust!
Sein Alles bietet dir der Bischof an,
Für Brüder will der Bruder gern sich opfern,
Mein Leben fordre dir — ich geb' es hin:
Doch meine Seele ist des Herrn Altar,
Die gotterlöst nur ihrem Gotte dient!
(erfaßt seine Hand)
So laß uns flieh'n den Pfuhl der Hölle,
Dir schafft der Kaiser Recht, er ist mein Freund,
Der Christen Haupt begleicht der Fürsten Streit.

Sobĕbor.
Kein Slavnik ruft des Auslands Hilfe an!
Zum Schemmel seiner Macht will Polen uns,
Ihm hilft dein Freund — der deutsche Kaiser.
(hohnlachend)
O eitler Schwärmer in dem Lande Rothhaar's,
Wo Kochan unersättlich lechzt nach Blut!
Der Hölle Werke hast noch nicht gelernt,
Dem Herzen folgst, darum mußt untergeh'n.
Kein Chrisam hilft dir wider Teufelshörner,
Kein Herrgott gegen Mächtige.
Verlaß dich nicht, daß dich ein Papst gesalbt,
Was wäre Rom selbst ohne Kaiserschwert?
Zu Grunde geht die Kirche ohne Degen!

Adalbert.

Auf Fels gebaut ist Petri Kirche, und
Der Hölle Pforten sollen nicht sie stürzen.
(erhebt das Kreuz)
Das Kreuz wird siegen über Land und Meer
Und alle Völker weih'n der Gottesehr'!

Sobibor.

Bleib ferne mir mit deinem Christuskreuz,
Nur Sklaventod bedeutet deine Lehre und
Am Bettelstab führt sie zum Grab uns hin.
Ja nicht befrei'n wird uns dein Marterholz,
(schlägt aus Schwert)
Wenn unser Schwert nicht Libic rettet.
(zieht einen Vorhang von einer Waffenpyramide weg, um welche
Trabanten stehen)
Da sich den Hochaltar aus Siegesbeute,
Den goldenen Sitz der alten Götterfreude,
Bei diesem schwören deine Brüder,
Zu steh'n im Kampfe für der Väter Herd,
Zu siegen oder hier zu fallen!
Des Kreuzes Priester kennt nicht Weib und Kind,
Nicht Elternsegen und des Hauses Glück,
Dem todten Gott singst du ein tod Latein,
Und segnest lieber unsre Leichen ein,
Als daß du lebend deine Brüder rettest.
(Adalbert wendet weg sich)
Nur Heuchelei ist deine Liebe, Demut,
Die eignen Brüder lassest hier verbluten
Und übst Verrat an deinem Vaterland!

Adalbert.

Verzeih' es Gott dir, den ich nie verriet!
Gewalt riß dich von meinem Bruderherzen,
Dein blutig Scepter bannt den Hirtenstab
Und meinem Gott getreu flieh' ich die Brüder.

Erlöser wollt' ich meinem Volke sein,
Da stürzt es eure Wut in neue Knechtschaft.
Und weil mein Volk ich nicht bekehren konnt',
(wirft weg den Hirtenstab)
So werf' ich weg dies Scepter heiliger Macht,
Den Stab der Gottesherrschaft hier auf Erden,
Und will im fremden Land, fern euern Thaten
Am wilden Meeresstrand dereinst begraben sein.
Wo Gott zu Hause, ist der Menschen Heimat,
Auf Wiederseh'n im bessern Vaterland!
(will abgehen, Rabla und Benedikt erfassen hinzutretend seine Hände)

Soběbor.
So berge dich in deinen Klostermauern,
Indeß der Kampf da draußen rings entbrennt,
Und ohne dich auch gegen dich entscheidet.
Im Waffenglanz zerfließt dein Nebelreich,
Der Schlachtengott reißt deine Tempel nieder —
Dann singe selig auf der Slavnik Gräbern
Ein Miserere Libic's Schutt und Trümmern,
Ein Requiem der Brüder Leichen!
(kehrt weg sich).

Fünfter Auftritt.
Spitimir und Caslav (treten bewaffnet mit Gefolge ein).
Die Vorigen.

Spitimir.
Was hälst so lang dich hier mit Pfaffen auf,
Indeß der Feind rings von den Bergen steigt?

Caslav.
Des Krieges Furie tobt um Prag,
Der Kampf bricht los an allen Orten.

Sobĕbor.
Das dankst mir, ich heiz' dem Rothhaar ein!
Bewaffnet hab' ich rings der Slavnik Stamm,
Das Volk ist auf, es harrt auf unsern Wink.
Noch ehrt uns hier der Herrschaft Ahnenschwert,
（zückt das Schwert）
Der Kampf entscheide, was des Kampfes wert!
Und gilt jetzt Prag der letzte Waffengang,
So siegt mit Perun gegen Boleslav —
Stürzt unser Haus, mag Böhmen untergeh'n,
Wir S l a v n i k fallen kämpfend unbesiegt!
(ab unter Trommetenschall).

Spitimir, Časlav (die Schwerter zückend).
Ja kämpfend, unbesiegt!
(ihm nach).

Adalbert (die Hände zum Himmel erhebend).
So schütze du, o Gott, mein Vaterland,
Weih'n Böhmens Fürsten es dem Untergang!

D e r   V o r h a n g   f ä l l t.

Fünfter Aufzug.

Erster Auftritt.
(Burghalle zu Libic)

Spitimir. Porey. Časlav. Radla.

Časlav.
Ja gut hat Sobĕbor sich durchgeschlagen,
Er bringt uns Bundeshilfe aus dem Ausland.

Radla.
Zu spät kommt jede Hilfe, jede Rettung,
O wüßte Adalbert von eurem Unglück!

Spitimir.
Schweig uns vom Pfaffen, der die Heimat flieht
Und in der Fremde unsern Feinden dient.

Radla.
Den Frieden hielt mit Prag er aufrecht euch
Und seinem Rate folgte Boleslav.
Jetzt lenkt der Wrschowec den falschen Rothhaar,
Er stürzt mit Arglist eure Übermacht —
Ein Kochan führt das Schwert der Boleslave!

Spitimir.
Wir scheuen nicht den Strauß mit Mächtigen.
Weh' dem, der unbewehrt den Kampf verlernt,
Den besten Mann verdirbt der faule Friede!

Časlav.
Und ehe wir der Prager Knechte werden,
Geh'n unsre Feinde mit uns unter hier.
Die Hölle rufen wir, hilft uns kein Herrgott!

Porey.
Der Polenherzog zieht für uns heran
Und listigem Überfall trotzt unsere Burg.
So lange stark der Arm und scharf das Eisen,
Entreißt kein Höllensatan uns den Sieg!

Radla.
Eh' Soběbor euch Polens Hilfe bringt,
Ist euer Land von Feinden überschwemmt.

Spitimir.
Spar, Alter, deine Sorg' um Libic's Haus,
Zu deinem Winterschlaf bekehrst uns nimmer.
In uns fließt noch der Slavnik Jugendblut,
Von Unterwerfung träume keiner hier!

Časlav.
Und betest hundert tausend Rosenkränze,
So wirst du unser Schicksal doch nicht ändern.

Radla.
Im Kampfe endet euer Kampfesstreben,
Ich will nicht überleben euern Fall hier!
Zu Grabe geht der Heiden alte Zeit,
Ein neuer Geist erstand im Christentum
Und Kaiser und Könige knieen vor dem Kreuze.
Vergebens kämpft mit altem Stolz ihr an
Und sucht zu stürzen, was rings obgesiegt.
Die Welt gehorcht der Lehre unsres Heils,
Vorüber ist die Zeit der Heldengötter,
Dahin ihr Ruhm, dahin die Macht der Väter —
Weh' euch, die noch an alten Götzen hängen,
Ihr Sturz begräbt in heiligen Trümmern euch!
Und türmet Berg auf Berg und Burg auf Burgen,
(erhebt das Kreuz)
So ragt doch Christi Kreuz noch über Burg und Bollwerk.

Die neue Zeit, sie hat den Greis verjüngt —
Die neue Zeit wird nur der Menschheit dienen!
(geht langsam ab).

====

Zweiter Auftritt.
Die Übrigen ohne Rabla.

Časlav (ruft nach).
Geh, schwarzer Rabe, der uns Unheil vorkrächzst,
(erhebt das Schwert)
Die Waffen segne, die dir Äser liefern!

Spitimir.
Laß uns den Alten ungeschoren,
Er theilt, der letzte, unser Schicksal hier.
Und geht's uns schlecht, will ich nicht seinen Jammer hören.

Porey.
Ja wären Christen wir, er gieng mit Schild und Schwert
Noch feurig für uns in die Schlachten.

Časlav.
Die Kutte schützt ihn, wie Adalbert sonst,
Dem wird verzieh'n, dem keine Macht verlieh'n.
(Trompetenstöße)

Rollo (eilig).
Umringt vom Feind ist Stadt und Burg,
Ein Angriff droht vom Herzog unserm Heer.

Spitimir.
Die falsche Katze hat uns aufgelauert!
Im raschen Kampf will er erdrücken uns,
Eh' Soběbor noch kehrt mit frischen Söldnern.

Časlav (zückt das Schwert).
Zählt auf Verrat er hier in Libic's Lager,
Soll's büßen jede schwarze Seele!
Des Rothhaars Zelt erspäh' ich von dem Turm,

Ihr dürft nicht schonen mehr hier Weib und Kind,
Gilt es den Überfall von Stadt und Burg zu wehren.
(geht ab).

Spitimir (zu Rollo).
Seid wachsam nur, erhellt die Nacht mit Fackeln,
Kein Feind dringt hinterlistig in die Stadt,
Auf Böhmens Grabmal erst fällt Libic's Asche!

Hirko (eilig).
Rings von den Bergen stürzt der Prager Heer,
Als wären wir die Insel in dem Meer!
(Trompetenschall und Sturmzeichen)

Caslav (stürzt herein mit Söldnern).
Auf Brüder, rettet euch, folgt mir in Waffen,
Auf Libic's Türmen weht die schwarze Fahne!
Es gilt der Väter Hort, der Slavnik Bollwerk,
Nicht leichten Kampfes fällt unsre Ahnenburg!
(Spitimir und Porey zücken die Schwerter)

Spitimir.
Wolan, mir nach! Auf all ihr Tapfern,
Wir hauen ab der Tiger falsche Tatzen!
Gebrochen hat der Herrscher uns das Wort,
So treff' der Fluch ihn jetzt von unsrem Schwerte,
Mit unsern Leibern decken Libic wir!
(ab mit Caslav und Söldnern).

Porey.
Die Götterbilder tragen Unsre vor,
So stürzen wir in Kampf und Todesnacht —
Den letzten Hauch für unsrer Väter Herd!
(stürzt fort, Söldner folgen).

Dritter Auftritt.
Radla.
(Zwei Klerifer bleiben im Hintergrunde)
Und keine Hilfe naht, kein Sobèbor,
O Adalbert, errette deine Brüder!
Indeß bekehrend du die Welt durchziehst,
Umtobt des Krieges Sturm hier Libic's Mauern
Und hilflos steht des Hauses Diener da.
Dem Herzog trautest du und seinem Eid,
Daß er im Kampfe dir die Deinen schone;
Doch fleht' umsonst ich jetzt um Waffenruhe,
Sankt Wenzel helf' euch, uns hilft Boleslav,
Erscholl's von Zelt zu Zelt im ganzen Lager!
(zu den Klerikern)
Es ist das Fest des heiligen Wenzeslaus,
Der Slawnik größten Vorfahr laßt uns feiern.
Ihr Schutzgeist wird noch seine Enkel schützen
Und retten hier Adalberts Brüder.
An heiliger Stätte will ich Messe lesen
Und in der Kirche schirmen die Bedrängten.
So laßt uns Gott versöhnen am Altar,
Wenn blutige Menschenopfer ihn entweihen!
(geht rechts ab, beide folgen).

Vierter Auftritt.
Rollo (von rechts), Hinko (von links).
Rollo.
Wie, du hier? Fern vom Kampf?
Hinko.
Und du machst aus dem Staube dich?

Rollo (drückt sich verstellt die Hand).
Ein Narr, der noch verwundet weiter kämpft!
Den letzten Schlag hielt ich für Porey aus,
Wer gibt sein Herzblut für Tyrannen her?

Hinko.
Ha gut gespielt, du schwarzer Schelm!
(reicht ihm die Hand)
Gefährlich ist wol deine Wunde nicht,
Du streckst die Hand wie erst zum Schlagen aus. (lacht)

Rollo.
Ja schlagen wird sie bald die eignen Herrn!
Und sind wir Freunde, magst du alles wissen.
Zum Edelmann warb mich der Herzog an,
Mein Leben schon' ich für den künft'gen Herrn.
Die Slavnik müssen heute untergeh'n,
Genug lang krochen wir vor ihrem Stolz,
Die Sklaven rächen sich am Zwingherrn!
Ein altes Felsennest verlieh mir Porey,
Der sonst mir nicht gegönnt die Burgvogtei.
Der Prager Herzog lohnte besser mich,
(schwingt den Dolch)
Bei meinem Dolch — er kann jetzt auf mich zählen!

Hinko.
Gefahr und Not macht gnädig strenge Herrn.
(zieht eine Geldgurte vor)
Mir schickte Kochan diese schwere Katze,
Und Ritter werd' ich, sobald Libic fällt.

Rollo (wiegt die Börse).
Kein schlechtes Wappen, gratuliere!

Hinko (die Gurte zurücknehmend).
Jetzt mögen kämpfen sie, mein Sieg ist sicher.
Ich sorge mich um meinen eigenen Hals,
In Libic's Brand geht unsre Sonne auf!

Rollo.
Ward doch zu Tod gequält der Christenherrgott,
      (macht einen Dolchstoß in die Luft)
Wir machen's gnädiger mit armen Seelen!
      (Trompetenstöße)

Hinko.
Und alle Welt ist wider Libic auf,
Zur rechten Zeit erschien uns Kochan hier,
Ja geb's den Teufel nicht, müßt' man ihn schaffen.

Rollo.
Für ihren Streit nur schlachten Mächtige uns,
Weil jeder hier noch viel zu wenig hat.
Wir arme Leute führen selten Krieg,
Was nützt dem Sieger unser kahles Fell?
Kein Schinder braucht die mürbe Menschenhaut!
Der Aderlaß thät' besser oben auf,
Er löscht den Hochmut, gleicht die Menschen aus
Und bringt Verstand selbst in das höchste Haus.

Hinko.
Unheimlich wird's im Lande Böhmen,
Seitdem den Fluch aussprach der strenge Bischof.
Den neuen selbst traf am Altar der Schlag,
Des Herzogs Bruder starb bei seiner Weihe.

Rollo.
Ja in die Hölle kommen noch die Höchsten
Und in den Himmel alle Teufel!
Ein Tollhaus ist die ganze Welt,
Und darum muß sie untergeh'n.

Hinko.
Kein gutes Zeichen sah ich heute Nachts.
Um Libic's Mauern kreisten wilde Raben,
Ihr Todenlied kratzt noch in Ohren mich.
      (Drommetenschall und Waffenlärm)

Rollo.
O ruft nur zu um Hilfe, ihr Tyrannen,
Wird euch die Hölle jetzt zu heiß,
Die Großen schlagen todt sich, Hallelujah!
Hinko (sieht hinaus).
Da sieh', wie Unsre flieh'n, verfolgt, bedrängt,
Komm, laß uns fort, hier ist's nicht mehr geheuer.
Rollo.
Die Weile dürfte uns hier schlecht bekommen,
Käm' Einer lebend noch hieher zurück.
Die Herren müßten ihre Diener loben!
(Sturm und Schwertergeklirr)
Hinko.
O sieh', weh ihnen! Ha in wilder Flucht
Treibt sie's zur Kirche hin, dort schützt sie Rabla —
Rollo.
Der wird sie nimmer retten,
Ein Kochan mordet auch im Himmel sie!
Hinko.
Umsonst fleht er, sie bluten, sinken —
Ha jetzt stürzt Porey, Caslav und Spitimir —
Dahin sind Alle, am Altar ermordet!
(Lichtschein im Hintergrunde)
Rollo.
Hollah, die Fackel hat gezündet,
So rächt uns Perun an den Peinigern.
(nimmt Hinko bei der Hand)
Jetzt fort von hier, die Slavnik sind nicht mehr,
Die neuen Herren müssen wir begrüßen!
(beide ab; Getümmel, Kampf und Brand im Hintergrunde).

Der Zwischenvorhang fällt.

Fünfter Auftritt.
(Freie Landschaft an der Grenze Böhmens)
Adalbert. Benedikt. Radim.

Adalbert.
Bekehrt ist Polen und Masovien,
Bekehrt auch Ungarn und sein König Stephan,
Er nahm die Taufe mit des Landes Großen.
Zum Patriarchen wählten Radla sie,
(zu Radim)
Als Erzbischof gehst du nach Polen.
Das Evangelium durchdringt die Welt
Und ziert mit Himmelsblüten unsre Erde.
Die goldne Zeit der Kirche Christi naht,
Es hat ein Gott erneut der Menschheit Bild
Und unvergänglich lebt's in Himmelshöh'n!
Des Heiles Völker lenkt ein ewiger Geist,
Umkränzt vom Stralenkranz der Himmelskrone
Erblüht mein Böhmen auch bald seinem Schöpfer.
O nie sah ich so froh die Heimat wieder,
Nie kehrt' ich fröhlicher ins Vaterland,
Als jetzt, wo ihm Erlösung naht!
Bald leuchten Libic's Türme ferne uns,
Zum Kaiserhof führ' ich die stolzen Brüder,
Wo Otto Tugend ehrt und Fürsten mehrt
Und Tapferkeit sich paart mit Demut.
Beglichen wird ihr Streit, bezähmt der Rothhaar,
Und Friede kehrt in Gottes Friedensland!
(Geräusch)
Doch wer kommt uns entgegen? Ist es Radla,
Der treue Hüter unsres Hauses?
(Benedikt und Radim treten rechts seitwärts)
Der gute Alte konnt' uns nicht erwarten,
Der fromme Greis mußt' uns entgegeneilen!
(Benedikt und Radim führen Radla vor).

Sechster Auftritt.

Radla. Die Vorigen.

Adalbert (umarmt Radla).

O komm' das volle Herz mit mir zu theilen,
Das überquillt — die Freude nicht erträgt!
Erlebt hast, Alter, noch des Kreuzes Sieg,
Die Welt gewann es unserm Glauben, und
In Himmelsfreuden schwelgt mein Priesterherz!

Radla.

O juble nicht vor deines Lebens Abend,
Nie ungetrübt genießeft Himmelsfreuden!
In deinen Jubel muß ich Wermut mischen,
Zu deiner Lust gesellt der Herr das Leid,
Die Dornenkrone bring' ich, Edler, dir —
O fasse Mut, naht dir die schwerste Prüfung,
Verzeih' dem Unglücksboten deines Hauses!

Adalbert.

Du zitterst, Radla? O sag an, was ist's?
Traf Unheil Libic? Wo sind meine Brüder?

Radla.

O frage weiter nicht nach deinen Brüdern,
Allein komm' ich — du rettest nimmer sie!
Nicht mehr steht Libic, nicht der Slavnik Burg,
Ein Flammenmeer flieh' ich in grauser Nacht!
(weist rechts hin)
Dort siehst verrauchen deines Hauses Trümmer,
In Staub und Asche sank der Väter Thron
Und Krieg verschlang des Krieges Söhne.
O schlage, Herr, mit Blindheit meine Augen,
Sie sah'n den Untergang all' deiner Brüder!
(Adalbert und Radim verhüllen ihr Gesicht)
Vergebens schützt' ich am Altare sie,
Da wo geweiht du ihres Hauses Herd,

Da floß ihr Blut beim heiligen Meßopfer,
Am Fest Sanct Wenzels wurden sie ermordet!
Die sonst verschmäht die unblutige Sühne,
Die wurden selbst des Hauses blutig Opfer.
Adalbert.
Genug der Gräuel, o genug des Unheils!
O Herr sei gnädig ihren Seelen
Und laß mich weihen dir die todten Brüder.
Dahin bist du, geliebtes Vaterhaus,
Im Sturz begraben hast die eignen Kinder,
Dahin sind sie, dahin ist Libic's Glanz —
O senkt auch meinen Schmerz in seine Trümmer!
Radim.
Gewonnen hast für Gott die sündige Welt,
Da gieng verloren dir dein Vaterland.
Adalbert.
Nur Gräber decken Libic's Söhne
Und unbekehrt, gemeuchelt fielen sie —
O Gott, nimm hin das Leben, ist es nutzlos!
O laß der Brüder Schuld den Priester sühnen
Und gehe gnädig mit uns in dein Weltgericht.
Es kehrt der Mönch zum Grabe seines Hauses,
Des Mannes Mut beginnt zu sinken mir,
Allein steh' ich — sieh mich verlassen!
— (versinkt in tiefes Schweigen)
Radla.
Allein auch starb dein Gott, weil unerreicht,
Am Kreuze erst verband er Erd' und Himmel.
O sei geduldig, wie dein Heiland stets,
Nur fern dem Diesseits wölbt sich unser Himmel!
Benedikt.
Mir bricht das Herz, muß ich hier leiden seh'n
Den Edelsten der Edlen.

Radim.
O niemals soll der Mensch hier ganz sich freu'n!

Adalbert (zum Himmel blickend).
In Leiden mußt' der Heiland untergeh'n,
Kein Gott erbarmte sich des Gottessohns.
Du gabst, o Herr, der Slavnik Glück und Segen,
Du hast genommen sie — dein Name sei gelobt!
Zur Neige trink' ich meinen Leidenskelch,
Dem Priester bleibt nichts mehr zu opfern übrig.
Entsagt hab' ich des Hauses Glück und Ehr',
Entsagt des Edlen Freude und Mannesluft,
Verlassen Brüder, Freunde und Vaterhaus —
O Herr, nimm diese letzten Opfer hin
Und laß mein Vaterland dafür erblüh'n!

Radla.
O kehre nicht mehr in dein Vaterland,
Wo Fluch nur Kochan mit dem Rothhaar mehrt.
Verrat und Tücke sinnen beide jetzt,
Nicht Schonung mehr kennt ihre Tigerwut,
Der schlechteste der Herrscher geißelt Böhmen!
Ins Heidenthum verfielen Hof und Herzog,
Die Wilden plündern deine Klöster
Und Polen suchen heim das arme Volk —
Verwüstet und verheert ist Land und Kirche!

Adalbert.
So laßt uns flieh'n den Fluch des Vaterlands,
(rechtshin gekehrt)
Und nehmt auch meinen hin zu euern Freveln,
Ihr Geißel Böhmens, Henker eignen Volks!
Nie ruhe wütend eure Mörderhand,
Bis ausgetilgt der wüste Herrscherstamm,
Der letzte Wrschowece gräulich endet
Und früh verwaist selbst Böhmens Thron verödet!

Verderben schließe euer schuldig Haus,
Gewalt verschlinge eure Kindeskinder,
Im Donner muß Gott die Tyrannen schlagen!
           (Ein Pilgerchor zieht singend vorbei)
Da seht die Christen aus dem Lande zieh'n,
Laßt folgen uns der frommen Pilgerschaar.
Vergehen muß die Sünd', besteh'n die Tugend,
Zum Siege führt des Heilands Dornenbahn.
Auf, Brüder, die mir noch allein geblieben,
Folgt, Priester, mir ins ferne Heidenland!
Ein großes Werk bleibt uns zu thun noch übrig —
Bekehrung schließe unser Pilgerleben.
Zum Meere ruft mich meines Gottes Wink,
           (erhebt das Krucifix)
In Preußen pflanz' ich auf das Siegeskreuz,
Daß Christi Lehre unsre Brüder mehre!
Bekämpft hab' ich der eignen Brüder Schwert,
Bekämpft für Gottes Reich mein Vaterland,
Daß alle Menschen hier zu Gottes Brüdern.
           (zur Grenze gewendet)
Und steh' ich früh verwaist auf Libic's Trümmern,
Und löschen Thränen aus der Hoffnung Sterne —
O Herr, nimm hin des Mannes Lust und Leben,
Nimm alle Freuden hin aus dieser Welt,
Bleibt uns die Ewigkeit, dein höchst Entgelt!
           (ab, geleitet von den Übrigen).
           Der Vorhang fällt.

Sechster Aufzug.

Erster Auftritt.

(Landschaft um Gnesen; im Vordergrunde Gräber, auf einem mittleren ein hohes Kreuz mit einem Kranz aus Wurfspießen; dahinter die Statue Adalberts von Trauerflor umhüllt; im Hintergrunde dichte Waldung, aus der eine Kirche emporragt)

Soběbor (tritt als Pilger hervor).

Der Tod gleicht Alles aus — die alte Regel.
Auch Brüder können tod zusammenruh'n
Und modernd sich in kalter Erd' umarmen.
Und hat das Leben nicht mehr uns vereint,
So schließ' ein Grab uns ein zu gleicher Ruh'!
Allein steh' ich und ohne Vaterland,
Durchirre fremd der Menschen weite Länder
Und flieh' geächtet Böhmens hehre Grenzen —
Der Nied're hat auf Erden keine Heimat,
Nur Mächtigen hilft stets der Mächtige.
Verlassen ist der Schwache, sein das Elend,
Hohnlachend schlägt mich Armen das Geschick,
Ja nackt geboren, kannst du nackt auch sterben!
Wo Libic einst, droht Nacht und Todesgrauen,
Von Leichenhügeln kehr' ich her zu Gräbern,
Ruinen sind der Slavnik Denkmale!
Ein Aschenhügel ist der Väter Thron,
Zerstört, verheert berühmter Ahnen Haus,
(rechtshin weisend)
In Trümmern liegt dort ihre Siegeshalle
Und Sturm verweht der Brüder letzte Reste.

Und lebt noch einer mir, ich will ihn seh'n,
Ist er verstoßen auch), es ist der letzte. .
Doch geht von ihm auch rings die bange Sage,
Daß er gefallen hier durch feige Mörderhand und
Begraben ruht in fremder Erde.
Der Fluch des Hauses traf auch ihn wie uns,
Des Meeres Woge umrauscht Adalberts Grab —
Weh mir, dem Letzten, an dem Grab des Ärmsten!
Ein grauses Schicksal hat mich aufgespart,
Daß ich hier ganz erschau' der Slavnik Elend!
Bei Todten such' ich meine letzte Stätte,
Beim Leichenhügel meines Bruders,
O unheimlich Verbannten wird die Erde!
Zerrissen hängt in mir die ganze Welt
Und Schatten alter Träume schrecken mich.
Wo weilt ihr Brüder, wo sind eure Schaaren,
Wo all die tapfern, schmucken Kriegsgestalten?
Bei Libic fiel ihr schönes Ritterheer,
Ihr Fluch treibt mich hinaus in finst're Nacht
Und Höllengeister folgen meiner Spur.
Zu spät sandt' Polen seine Hilfe uns,
Und wo ich einst geträumt ein Elbereich,
Da starren Heidengräber mir entgegen,
Das deutsche Meer verschlang die Elbeslaven,
Ihr weites Grab sind seine Ebenen!
Weh dem, der froh der Väter Ruhm gedenkt
Und blutige Schatten aus den Särgen weckt.
Ihr Schicksal reißt mit fort die letzten Enkel,
Ihr Sonnenstral ward mir zum Todesstahl!

(zieht das Schwert)

Umnachtet ist mein Sinn und trüb der Geist,
Vorm Scheiden heftet sich die Seel' ans Leben.

(tritt näher dem Hintergrunde)

In Waldesdunkel will ich tauchen mich
Und hier verhauchen die gehetzte Seele;
Die Welt soll meinen Untergang nicht seh'n,
Bezweifelte erlöst der Tod am besten!
(das Schwert erhebend)
So komm', du Freund, der mir allein geblieben,
Du reicher Väter letztes Erbstück;
Gegründet hast die Macht der ersten Slavnik,
Du wirst des letzten Herz auch glücklich treffen!
(setzt an, Benedikt tritt aus dem Hintergrunde; Sobĕbor erschrickt, setzt ab)
Ha, wieder eine schwarze Kutte?
Der böse Geist muß in dem Lande wohnen!
Doch wer's auch sei, ich will die Lust dir nehmen,
Verzweifelten am Grabesweg zu gegnen.
(tritt ihm entgegen).

Zweiter Auftritt.
Sobĕbor. Benedikt.

Benedikt.

O armer Mann, du scheinst hier krank zu wallen,
(zieht eine Feldflasche heraus)
Nimm diesen Wein und laß mich pflegen dein.

Sobĕbor.

Ja arm sind alle Slavnik, arm die Ärmsten,
Ihr Elend sieh dir in dem letzten an!

Benedikt.

Wie, du ein Slavnik?

Sobĕbor (hohnlachend).

Und ein Bettler.

Ja schmählich giengen Libic's Sterne unter!
Verfolgt, verraten flieh' ich meine Heimat,
Im Vaterland sucht mich die Mörderhand
Und Kochans Schergen wittern meine Spur.

Benedikt (auf die Kirche weisend).
Sei sicher hier bei Sankt Adalberts Kirche,
Zum Heiligenort dringt keine Mörderhand.
Und schmückt sein Name dich, bist du ein Slavnik,
So laß umarmen mich des Heiligen Bruder
Und sei willkommen uns in seinen Hallen!
(will ihn umarmen)

Soběbor.
Zurück, o Mönch! (auf die Brust deutend)
 Hier tobt ein Höllenbrand,
Den löscht kein Sakrament der Priesterhand.
Die Flamme, die auf Libic's Schutt erlosch,
Sie glüht hier fort und brennt die Seele mir!

Benedikt (reicht ihm das Krucifix).
Dann nimm dies Kreuz, das unsre Leiden trägt,
In jede Wunde träuft der Himmel Balsam.

Soběbor.
Zurück damit! Was ficht mich an?
Ich bin Adalberts, bin der Pfaffen Feind,
Führ' in die Hölle mich, du schwarzer Schelm,
Trägst ja des Teufels Fell und Farbe.

Benedikt.
O bist ein Slavnik du und jetzt ihr letzter,
So laß nicht säumen mir der Seele Freude
Und dich beglücken in Adalberts Kloster!
Beschenkt, erzogen hat der Bischof mich,
Sein Abt bin ich, o sei hier Freund dem Freunde.
So mancher Pilger fand hier Trost und Rettung,
Den Fürstensohn gesellt das Leid zum Bettler,
Und trägst so schwer du deines Hauses Schicksal,
So theil' die Last mit mir, dem Leidgewohnten,
Es heilt ein Priesterherz die wunde Seele!

Sobĕbor.
Der Weltverstoß'ne führt sich selbst zum Grabe.

Benedikt.
O gönne mir die ungeahnte Freude!
Adalberts Abt ist reich durch Wohlthaten,
So laß entgelten sie an seinem Bruder
Und mich die Dankesschuld an dir noch zahlen.
(faßt seine Hand)

Sobĕbor.
Der Brüder Ende wandte nicht sein Herz?
Der Slavnik Blut rief nicht zur Rache ihn auf?
(erhebt das Schwert)
O Denn'rer, räche meiner Brüder Tod,
Der Mönch vergaß des eignen Hauses Fall!

Benedikt.
Er sprach den Fluch aus über Land und Mörder und
Ließ Gott die Rache.

Sobĕbor (hohnlachend).
Gott die Rache? —
Und fallen ließ ihn hier sein Gott!
(zeigt auf die Gräber)
In seinem Staube liegt der Slavnik' Mönch,
Weil er verlassen seiner Väter Stamm
Und hier vergessen seines Volks und Vaterlands.

Benedikt.
O spotte nicht an diesem heiligen Ort!
Gerächt ist er, erfüllt sein Gottesbann,
Ein streng Gericht ging über Böhmen her,
Denn die ihn tödten wollten, sind nicht mehr.
Kein Wrschowecc lebt, kein Boleslav,
Durch eigene Hand verdarben Böhmens Fürsten
Und Stammesmord vertilgte Weib und Kind.

Zum Gastmahl lud der Rothhaar seine Freunde,
Umarmte heuchelnd seinen Schwiegersohn
Und rannte selbst den Dolch in Kochans Brust —
Sechs Wrschoweeen deckten rings die Tafel,
Getroffen von der Schergen Todesstahl!
Auch Boleslav verschlang des Kriegs Gewalt,
Der Polenherzog ließ den Rothhaar blenden und
Im Kerker enden seinen Brudersohn.
Zur Leichenfeier ward das Krönungsmahl,
Im Meuchelmord erlosch das Herrscherhaus
Und in Erfüllung ging Adalberts Fluch!

    Sobĕbor (erwacht aus seinen Gedanken)
Was sprichst du da? O Perun habe Dank!
Du hast vernichtet unsres Hauses Feinde,
Du rächtest, Donnrer, Libic's Untergang,
O Sobĕbor, du kannst zufrieden sterben! —
So zeig', o Mönch, mir noch des Bruders Grab
Und sage mir, wie er gestorben
Und wie der Armen Gott den Armen lohnte.
Zur Sage ja wird jede Menschengröße!

    Benedikt.
Nicht weit von hier ruht Slavniks großer Sohn,
    (weist auf das mittlere Grab)
Du stehst nicht ferne mehr dem Wunderort,
Wo seine Bluttaufe erlöst die Heidenwelt.
Den eigne Brüder aus dem Lande trieben,
Der floh vom Glanz der Höfe zu den Hütten,
Denn jeder Lust entsagt der Opferpriester.
Ins Heidenland rief ihn die Mission,
Und waffenlos trat er vor wilde Horden.
Und als ihr heilig Feld sie ihm verwehrten,
Stand predigend er hier dem Wüstenvolk

Und stürzte finstren Wahnes schnöde Götzen,
Voll freudigen Mut's dem Tod entgegen sehend.
Zum Himmel rief er auf die Menschenseelen,
Als Heidenpriester seine Brust durchbohrten,
Entmenschte mordeten der Menschen Bruder!
Und Gott um Gnade flehend für die Sünder
Sank er in Kreuzesform dahin zu Boden —
Der Tausende auf Erden hochbeglückt,
(zeigt auf das Kreuz am Grabe)
Das Kreuz hat er umarmt, das ihn erdrückt!

Sobĕbor (dem Grabe zugewandt).

So starbst verlassen hier im fremden Lande,
Dahingestreckt von wilden Mördern!
Die Trauerfahne deckt den Glorienschein,
Die Kirchhofmauer umschließt dein Todtenreich,
O schlecht belohnte dich dein Christengott!
Dem Alles du geopfert, der nahm Alles,
Den eignen Priester ließ sein Gott hier fallen — o
Auch du gehörst zu deinen Unglücksbrüdern!
Das Schwert hat mich vernichtet, dich das Kreuz,
Verblendung war's — ein Gott hat uns gerichtet.
Ein Bettelmönch noch weiß von deinem Grabe,
Wer kümmert sonst um arme Slavnik sich?
O hättest uns des Kaisers Sinn gewonnen,
Du throntest jetzt mit uns im Böhmerland,
Im Sonnenschein von Libic's Thürmen! Doch
Dahin sind alle Slavnik, aus ihr Licht,
Und keines mehr gedenkt die große Zukunft.
Das Elend führt mich her zu deiner Leiche,
(sinkt nieder)
Der letzte Bruder sinkt zu deiner Asche,
Daß hier erlösch' der Ahnen düstres Licht!
(erhebt das Schwert)

Benedikt (tritt vor ihn).

O nicht geziemt es dir zu trauern hier,
Wo eingefriedet selige Ruhe schwebt und
Ein trostlos Herz vom Grab zu Gott erhebt.
(Sobēbor bedeckt sein Gesicht; Gesänge dringen von der Kirche her)
Laß Thränen an dem Ort der Himmelsfreude,
Nicht ging verloren dir dein Bruder hier,
In jedem Menschen ließ er Brüder dir!
Und sank in Böhmens Asche Slavniks Thron,
(weist auf die Kirche)
Hat euer Kirchenfürst ihn hier erneuert.
Der Menschheit All gehört sein Testament,
Der ganzen Welt lebt seine hohe Stiftung,
Verherrlichend des Bischofs Thatenruhm.
Ja Deutschland, Ungarn feiert seinen Namen,
Die Christenheit schmückt sich zu seinem Fest und
Zum Himmel dringen seine Lobgesänge!
Und ward sein Herz durchbohrt von sieben Speeren,
So leuchten sieben Kronen um sein Denkmal,
Um Gnesens Erzbistum hier sieben Bistümer.
(Volk sammelt sich im Hintergrunde)
Den Fürsten ehr' in ihm im Reiche Gottes,
Den ihr verstoßen, der ist euer Bester!
O könnt' auch ich mich seinen Bruder nennen,
Du bist der Erbe seines größten Namens.
Sobēbor.
Nichts kam zu erben ich — nur hier zu sterben.
Der Fluch des Vaterlands hat uns vereint,
Auf seinem Grabeshügel will ich enden!
Benedikt-
Im Grabe wähne nicht den Heiligen,
Den Auferstandnen nur mehr findest da.
Im Kampf fiel er fürs Evangelium,
Schön ist der Tod, dem Auferstehung lächelt!

(die Gesänge schallen lauter)
Im eignen Glanz erstarb die Blume Böhmens,
Der Ewigkeit blüht Slavniks schönste Rose
Und Gottesdienst verklärt den Gottgesandten.
     (auf die Kirche weisend)
Da sieh der Thürme lichte Spitzen ragen,
Zum Hochaltar erhob sein Grabmal sich,
Zum Himmelsglanze der Unsterblichkeit!
Zu Aachen wie zu Rom prangt sein Altar,
Ihn ehren rings der Erde Himmelsdome —
Sankt Adalbert tönt Chor- und Kirchensang!
   (das Volk zieht singend aus der Kirche)
    Sobĕbor (bemerkt das Volk).
Wie? So viel Leben hier an Todengräbern?
     Benedikt.
Aus weiten Ländern wallen her die Pilger
Und fleh'n um Schutz und Hilf' den Heiligen an.
Auch Böhmen kommen ihre Schuld zu büßen,
Die sonst verfolgt, gebannt den frommen Mann.
Es eilt die Welt ihm ihren Dank zu zollen,
Der erste Pilger naht Adalberts Grab,
    (weist nach links)
Dort Kaiser Otto, barfuß, betend,
Und ihm entgegen wallt der Herzog Polens.

Dritter Auftritt.

    Herolde (von links).
Platz dem Kaiser, Platz! Gebt frei die Bahn!
     Trabanten.
Zurück, der Kaiser naht! Macht Platz!
    Herolde (von rechts).
Ihn grüßet Polens Herzog an der Landesgrenze!

(Das Volk theilt sich, im Hintergrunde erscheint Kaiser Otto III.,
umgeben von Bischöfen, und kniet auf Adalberts Grab; leiser Gesang
tönt aus der Kirche)

Soběbor (sich aufrichtend).

Wie, träume ich? Was geht hier vor?
Ha, Kaiser Otto kniet am Grab Adalberts?
Der Mächtigste vorm Staub des Bettelmönchs?

Benedikt.

Ja Kaiser Otto weint um seinen Freund.

Soběbor.

Der deutsche Kaiser weint um einen Slavnik?
O Himmel, sei mir Ärmsten gnädig!
(Gesang und Musik wird stärker)
Verloren bist, o Soběbor, verloren,
Dahin der Heiden Traum — ein eitler Wahn.
Weh mir, die letzte Stunde ruft — o
Verblendung schlug mich, schlug die Brüder dort,
Versinken muß ich in der Erde Grund!
Ja Kaiser und Könige knieen vor dem Kreuze —
(sinkt nieder)
O Adalbert, sieh deinen Bruder hier,
Der größte Büßer sinkt zu deinen Füßen!
O nimm mich auf in deinen heiligen Schatten
Und lindre meiner Seele Todesqual.
Versöhnung ruft hinab dein Leidensbruder,
Laß ruhen mich in deinem Friedenstempel,
(zu den Umstehenden)
O gönnt dem Pilger seine letzte Stätte,
Gönnt dem Gemarterten das kühle Grab
Und pflanzt sein Kreuz auch über m e i n e Asche!
(senkt das Haupt zur Erde).

Benedikt
(links zurückweisend, indeß die Hülle von der Statue fällt).
Sein Denkmal wird enthüllt, stimmt an ihr Christen:

Heil Adalbert, dem Gottesheiligen,
Heil Slavniks Sohn und Böhmens Schutzpatron!

Das Volk (fällt jubelnd ein).

Heil Slavniks Sohn und Böhmens Schutzpatron!
(Musik und Gesang, das Volk kniet nieder, indeß Benedikt segnend die Hände ausbreitet).

Der Vorhang fällt.